WALKING

Amsterdam

WALKING

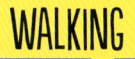

Amsterdam

DER BESTE WEG, DIE STADT ZU ERLEBEN

Pip Farquharson

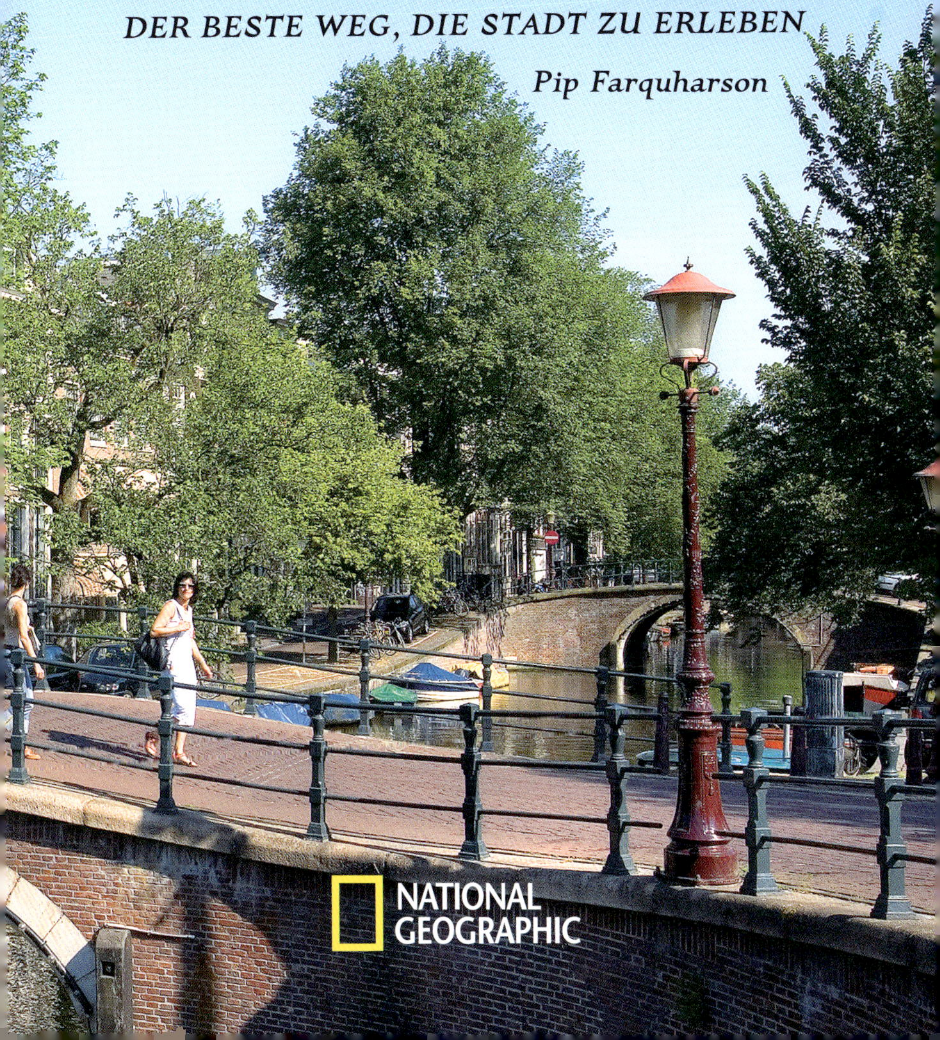

NATIONAL GEOGRAPHIC

Amsterdam

INHALT

6 VORWORT

8 ZU GAST IN AMSTERDAM

10 WEGWEISER FÜR LESER

TEIL 1

SEITE 12
TOUR KOMPAKT

14 AMSTERDAM AN EINEM TAG

18 AMSTERDAM AN EINEM WOCHENENDE

24 SHOPPINGTOUR DURCH AMSTERDAM

28 AMSTERDAM FÜR GESCHICHTS-LIEBHABER

32 AMSTERDAM – WOCHENENDE MIT KINDERN

TEIL 2

SEITE 40
AMSTERDAMS STADTVIERTEL

44 NIEUWE ZIJDE

64 OUDE ZIJDE

84 JODENBUURT, PLANTAGE & OOSTERDOK

106 DER NÖRDLICHE GRACHTENGÜRTEL

128 DER SÜDLICHE GRACHTENGÜRTEL

146 MUSEUMSVIERTEL & DE PIJP

TEIL 3

SEITE 172
PRAKTISCHE REISETIPPS

174 PRAKTISCHE REISETIPPS

180 HOTELS

186 REGISTER

191 AUTOREN, BILDNACHWEIS

Bummeln entlang der Keizersgracht (vorherige Seite); Prinsengracht (links); Montelbaanstoren (rechts); Spiegelkwartier (oben rechts); am Van-Gogh-Museum (unten rechts)

Vorwort

Ich komme mehrmals im Jahr nach Amsterdam. Warum? Als Grund könnte ich die Werke der holländischen Meister im Rijksmuseum nennen, die Cafés an den Grachten oder die kleinen Boutiquen. Doch die Wahrheit ist einfach und vielschichtig zugleich: Es ist die facettenreiche Schönheit der Stadt, die mich in ihren Bann zieht. Bei jedem Besuch folge ich dem westlichen Grachtengürtel über die Kopfsteinpflasterstraßen vorbei an den Häusern aus rotem Ziegelstein über bucklige Brücken, deren Unterseite nachts beleuchtet ist, während aufrecht auf ihren Hollandrädern sitzende Amsterdamer an mir vorbeirollen. Von den Dächern blicken steinerne Seeungeheuer, Meerjungfrauen, Heiligenfiguren und lächelnde Engel auf mich herab, unter mir spiegeln sich die Giebelfronten in den Kanälen. Wenn

Mit seinen großen Fenstern erinnert dieses alte Speicherhaus im nördlichen Grachtengürtel an seine frühere Nutzung.

man durch die Wunderwelt von Europas größtem historischem Stadtzentrum geht, fühlt man sich in eine andere Zeit versetzt. An sonnigen Samstagen schlendere ich über den Noordermarkt, auf dem Händler große Räder Edamer anbieten. Oder ich laufe durchs Van Gogh Museum, wo sich über den vom Künstler mit starkem Pinselstrich gemalten Landschaften ein schier endloser, schwerer Himmel wölbt. Vor Anbruch der Dämmerung kehre ich zu den Kanälen zurück und verfolge den Sonnenuntergang hinter den Meerjungfrauen, die stets zum Sprung hinab ins Wasser bereit scheinen. Dieser Reiseführer soll Ihnen bei der Orientierung auf Ihrem Weg durch Amsterdams Stadtviertel helfen, die von den Grachten zugleich umschlossen und geteilt werden.

Raphael Kadushin
Preisgekrönter Journalist und Autor des Reisemagazins National Geographic Traveler

Zu Gast in Amsterdam

Mit mehr als 15 Millionen Besuchern pro Jahr zählt Amsterdam zu den beliebtesten Reisezielen Europas. Sowohl die entspannte Atmosphäre der Stadt als auch ihre kulturellen Attraktionen ziehen die Touristen an.

Das Wichtigste in Kürze

Im Norden begrenzt vom ehemaligen Meeresarm IJ, besteht das heutige Stadtzentrum noch immer aus dem mittelalterlichen Kern, der die Stadtviertel Nieuwe Zijde (Neue Seite) und Oude Zijde (Alte Seite) umschließt. Er bildet das Herz des Grachtengürtels. Dieses Kanalsystem wurde im 17. Jahrhundert, auf dem Höhepunkt des Goldenen Zeitalters, erbaut, als der Handel mit dem Fernen Osten der Stadt immense Reichtümer bescherte. In diesem Netzwerk aus Wasserstraßen befindet sich im Osten das Juden- und das Plantagenviertel, während im Süden und Westen prestigeträchtige Grachtenhäuser die Kanäle säumen. Direkt jenseits der Amstel schließt sich im Südwesten das Museumsviertel an. Jeder dieser Stadtteile ist wegen seiner Sehenswürdigkeiten einen Besuch wert.

Tag für Tag

Ganzjährig tgl. geöffnet Anne Frank Huis; Artis Zoo; Koninklijk Paleis; Rijksmuseum; Stedelijk Museum; Van Gogh Museum.

Geschlossen an Neujahr, am Königstag (27. April) und/oder 1. Weihnachtstag EYE (geöffnet 1. Jan. und 25. Dez.); Foam Museum (geöffnet 1. Jan. und 25. Dez.); Heineken Experience (am 24. und 31.12. nur bis 16:00 Uhr geöffnet); Hermitage Amsterdam (geöffnet 1. Jan.); Het Scheepvaartmuseum; Hortus Botanicus (geöffnet am 27.04.); Kattenkabinett; Museum het Rembrandthuis; Museum van Loon; Museum Willet-Holthuysen; NEMO; Nieuwe Kerk (geöffnet am 27. April); Oude Kerk; Our Lord in the Attic (geöffnet am 25. Dez.); Tassenmuseum Hendrikje; Verzetsmuseum; Woonbootmuseum.

Geschlossen haben am
Montag Allard Pierson Museum; Het Scheepvaartmuseum; NEMO (außer Juni, Juli, Aug.); Tropenmuseum (außer Juli, Aug.).
Dienstag Museum van Loon.
Samstag Oost-Indisch Huis.
Sonntag Albert Cuypmarkt; Jacob Hooy & Co.; Oost-Indisch Huis; Waterloopleinmarkt; Westerkerk; Zuiderkerk.

Am Königstag, dem 27. April, feiern die Niederländer den Geburtstag ihres Monarchen. Die Nationalfarbe Orange dominiert dann die Straßen und Grachten Amsterdams.

Wege und Verkehrsmittel

Amsterdam erkundet man am besten zu Fuß. Um von einem Stadtbezirk in den anderen zu gelangen, bieten sich Tram oder Metro an, aber praktisch alle wichtigen Sehenswürdigkeiten liegen in Gehentfernung. Wer will, kann sich auch ein Rad mieten und das 400 Kilometer lange Netz an Radwegen nutzen. Obwohl die Stadt recht übersichtlich ist, kann den Besucher verwirren, dass sich die Kanäle mit ihren vielen Stein- oder Holzbrücken oftmals ähneln. Ein bei der Touristeninformation (siehe S. 179) erhältlicher Übersichtsplan erleichtert die Orientierung.

Amsterdam für wenig Geld

Viel Geld spart man mit dem Kauf der **I amsterdam City Card**. Mit dieser 24, 48 oder 72 Stunden gültigen Karte kann man ohne zusätzliche Kosten alle öffentlichen Verkehrsmittel benutzen, rund 40 Museen sowie weitere Sehenswürdigkeiten besuchen und eine Kanal-Bootstour machen. Hinzu kommen Ermäßigungen beim Kauf von Konzert- oder Theaterkarten sowie Sonderpreise in einer Reihe von Bars und Restaurants.

Wegweiser für Leser

Die beschriebenen Touren führen Sie zu den interessantesten Orten in Amsterdam. Jede davon ist auf einer Karte eingezeichnet und so geplant, dass sie gut innerhalb eines Tages zu bewältigen ist und dass Öffnungszeiten ebenso wie günstige, weniger überlaufene Besucherzeiten berücksichtigt werden. Viele enden in der Nähe von Restaurants oder beliebten Lokalen für den Abend.

WEGWEISER FÜR LESER

Tour kompakt

Dies sind Touren für Besucher, die nur einen Tag oder ein Wochenende Zeit haben, aber wenigstens das Allerwichtigste sehen wollen. Je nach Zeit und Interesse stehen mehrere Touren zur Auswahl: Tagestour, Wochenendtour (Tag 1 & Tag 2), Amsterdam for Fun und Amsterdam mit Kindern (Tag 1 & Tag 2).

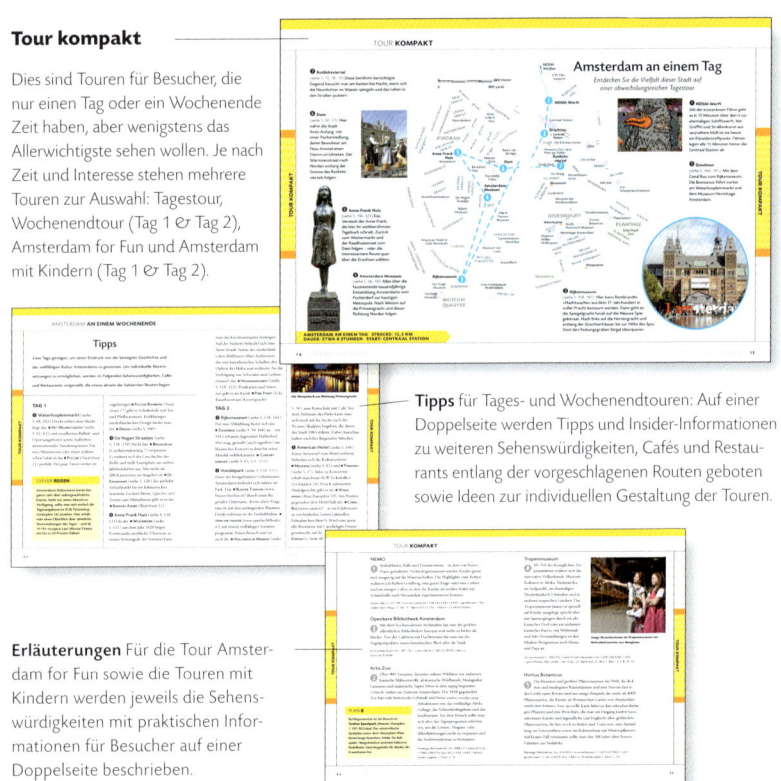

Tipps für Tages- und Wochenendtouren: Auf einer Doppelseite werden Tipps und Insider-Informationen zu weiteren Sehenswürdigkeiten, Cafés und Restaurants entlang der vorgeschlagenen Routen geboten sowie Ideen zur individuellen Gestaltung der Touren.

Erläuterungen Für die Tour Amsterdam for Fun sowie die Touren mit Kindern werden jeweils die Sehenswürdigkeiten mit praktischen Informationen für Besucher auf einer Doppelseite beschrieben.

Stadtviertel-Touren

Die sechs Stadtviertel-Touren beginnen jeweils mit einer Einführung, gefolgt von einer Karte, in der die entsprechenden Sehenswürdigkeiten entlang der Route verzeichnet sind, und anschließend deren Erläuterung. Darauf folgt jeweils die Doppelseite »Im Detail« mit den wichtigsten Sehenswürdigkeiten der Tour, »Typisch Amsterdam« mit Informationen über ein besonderes Merkmal des Viertels und schließlich, thematisch gegliedert, »Best of« im Viertel.

Routenkarte Eine Karte des Viertels zeigt die wichtigsten Sehenswürdigkeiten und Straßen sowie die U-Bahn-Stationen.

Legende Sie bietet eine Kurzbeschreibung der jeweiligen Sehenswürdigkeit und dient als Wegweiser zum nächsten Ziel der Tour. Seitenhinweise beziehen sich auf die ausführliche Erläuterung der Sehenswürdigkeit im Buch.

Route Gestrichelte Linien verbinden die Sehenswürdigkeiten.

Erläuterungen Informationen zur jeweiligen Sehenswürdigkeit in der Tour-Reihenfolge sowie deren Adresse, Website, Telefonnummer, Eintrittspreise, Öffnungszeiten und die nächste U-Bahn-Station.

Gut essen Eine Auswahl von Cafés und Restaurants entlang der Route.

Eintrittspreise für Sehenswürdigkeiten

€	unter 4 €
€€	4–8 €
€€€	8–13 €
€€€€	13–18 €
€€€€€	über 18 €

Preise für Restaurants
(pro Person, ohne Getränke)

€	unter 15 €
€€	15–25 €
€€€	25–40 €
€€€€	40–60 €
€€€€€	über 60 €

TEIL 1

Tour kompakt

❼ Rotlichtviertel

(siehe S. 70, 78–79) **Diese** berühmt-berüchtigte Gegend besucht man am besten bei Nacht, wenn sich die Neonlichter im Wasser spiegeln und das Leben in den Straßen pulsiert.

❻ Dam

(siehe S. 50–51) **Hier** nahm die Stadt ihren Anfang: mit einer Fischersiedlung, deren Bewohner am Fluss Amstel einen Damm errichteten. Der Warmoesstraat nach Norden entlang der Grenze des Rotlichtviertels folgen.

❺ Anne Frank Huis

(siehe S. 118–121) **Das** Versteck der Anne Frank, die hier ihr weltberühmtes Tagebuch schrieb. Zurück zum Westermarkt und der Raadhuisstraat zum Dam folgen – oder die interessantere Route quer über die Grachten wählen.

❹ Amsterdam Museum

(siehe S. 56–59) **Alles** über die faszinierende tausendjährige Entwicklung Amsterdams vom Fischerdorf zur heutigen Metropole. Nach Westen auf die Prinsengracht und dieser Richtung Norden folgen.

**AMSTERDAM AN EINEM TAG   STRECKE: 12,5 KM
DAUER: ETWA 8 STD.   START: CENTRAAL STATION**

Amsterdam an einem Tag

Entdecken Sie die Vielfalt dieser Stadt auf einer abwechslungsreichen Tagestour.

NDSM-Werften

EYE Film-museum

BUIKSLOTER-WEG

1 NDSM-Werft

Centraal Station

Grachten

2 Centraal Station

ZEEDIJK De Schreierstoren

OBA

IJ TUNNEL

Museum Ons'Lieve Heer op Solder

Rotlicht-viertel

Oude Kerk **7**

Oosterdok

NEMO

PRINS

De Waag

NIEUWMARKT Montelbaans-toren

Oosterdok

Nieuwmarkt

HENDRIKKADE

ARCAM

KLOVENIERS-BURGWAL

Zuiderkerk

Het Scheepvaartmuseum

Museum het Rembrandthuis

HOOGTE

Entrepotdok

Verzetsmuseum

JODENBUURT

Hortus Botanicus

Planetarium

KADIJK

Waterlooplein

Joods Historisch Museum

PLANTAGE

BLAUW-BRUG

Artis Royal Zoo

Hermitage Amsterdam

PLANTAGE MIDDENLAAN

Museum Willet-Holthuysen

NIEUWE KEIZERSGRACHT

MAGERE BRUG

NIEUWE PRINSENGRACHT

Nieuwe Achtergracht

Amstel

Weesperplein

FREDERIKSPLEIN

SARPHATISTRAAT

❶ NDSM-Werft (siehe S. 16)
Mit der kostenlosen Fähre geht es in 15 Minuten über den IJ zur ehemaligen Schiffswerft. Mit Graffiti und Straßenkunst aus recyceltem Müll ist sie heute ein Künstlertreffpunkt. Fähren legen alle 15 Minuten hinter der Centraal Station ab.

❷ Grachten
(siehe S. 144–145) Mit dem Canal Bus zum Rijksmuseum. Die Bootstour führt vorbei am Waterloopleinmarkt und dem Museum Hermitage Amsterdam.

❸ Rijksmuseum
(siehe S. 158–161) Hier kann Rembrandts »Nachtwache« aus dem 17. Jahrhundert in voller Pracht bestaunt werden. Dann geht es die Spiegelgracht hinab auf die Nieuwe Spiegelstraat. Nach links auf die Herrengracht und entlang der Grachtenhäuser bis zur Höhe des Spui. Dort den Festungsgraben Singel überqueren.

Tipps

Die Tour kombiniert die bedeutendsten historischen Sehenswürdigkeiten Amsterdams mit Einblicken in die vielseitige kulturelle Szene der Stadt. Auch bei wenig Zeit kann man den Tag nutzen für individuelle Abstecher zu wenig bekannten Zielen und einen Besuch in einem nahegelegenen Restaurant.

TOUR KOMPAKT

❶ **NDSM-Werft** Die Route der Fähre von der ■ CENTRAAL STATION (siehe S. 48) hinüber zur alten Schiffswerft führt vorbei am berühmten ■ EYE-FILMMUSEUM (siehe Hinweis gegenüber und Seite 39). Das einem hockenden Frosch ähnelnde Museum ist Teil der künstlerisch-kreativen Neugestaltung des früheren Hafenviertels. Frühstück gibt es in der lichtdurchfluteten ■ IJ-KANTINE (*MT& Ondinaweg 15-17*), einem Café im Industriedesign mit einer Terrasse am Wasser, oder im ■ NOORDERLICHT (*TT Neveritaweg 33*), einem Gewächshaus.

❷ **Grachten** (siehe S. 144–145) Am besten erkundet man Amsterdam vom Wasser aus. Erste Wahl als Verkehrsmittel ist der ■ CANAL BUS (*www.canal. nl*), der von der Centraal Station aus verschiedene Routen befährt. Die rote Linie führt direkt zum Rijksmuseum. Ein Audioguide informiert während der Fahrt über Sehenswürdigkeiten. Alternativ kann man – recht teuer – für eine private Tour ein ■ WATER TAXI (siehe S. 63) mieten.

❸ **Rijksmuseum** (siehe S. 158–161) Nach dem Museumsbesuch geht es weiter zum ■ MUSEUMPLEIN (siehe

Die Gemäldesammlung im Rijksmuseum umfasst allein 1700 Porträts.

S. 150). Im unterirdischen Supermarkt ■ **A**LBERT **H**EIJN *(Van Baerlestraat 33A)* kann man einkaufen und auf dessen begrüntem Dach picknicken. Alternativ serviert das **C**OBRA **C**AFÉ *(Hobbemastraat 18)* Salate und Sandwiches auf Corneille-Geschirr.

❹ **Amsterdam Museum** (siehe S. 56–59) Auch wenn ein andermal ein ausführlicher Besuch des Museums geplant ist, sollte man in der eintrittsfreien ■ **S**CHUTTERSGALERIJ (Civic Guard Gallery, siehe S. 57) einen Blick auf die Gemälde aus dem 17. Jahrhundert werfen oder sich den ■ **B**EGIJNHOF (siehe S. 53–54) und die hinter der Fassade von Nr. 30 verborgene katholische Kirche, das Holzhaus aus dem 15. Jahrhundert (Nr. 34) und Mondrians Altar in der Englischen Kirche anschauen.

❺ **Anne Frank Huis** (siehe S. 118–121) Das beschauliche Jordaan-Viertel lädt seine Besucher mit vielen versteckten Hinterhöfen zum Schlendern und Erkunden ein. Es bietet zudem direkt an den Grachten eine Vielzahl charmanter Cafés und Bars. Vegetarier und Veganer werden fündig im skurrilen ■ **D**E **B**OLHOED *(Prinsengracht 62)*. Alle anderen können sich bei einer typisch holländischen Spezialität in ■ **T**HE **P**ANCAKE **B**AKERY *(Prinsengracht 191)* stärken oder auf dem Ponton

CLEVER **REISEN**

Sollte ein Besuch im EYE geplant sein, empfiehlt sich auf dem Rückweg zur Centraal Station die kostenlose Fähre zum Buiksloterweg. Schmerzen nach dem Rijksmuseum die Füße, sollte man das Amsterdam Museum auslassen und vom Leidseplein die Tram (Linie 10) zur Bloemgracht nehmen. Ein kurzer Gang entlang des Kanals führt zur Prinsengracht und zum Anne Frank Huis. Vorab bestellte Tickets ersparen Wartezeiten.

des ■ **'**T **S**MALLE *(Egelantiersgracht 12)* entspannt ein Glas Wein genießen.

❻ **Dam** (siehe S. 50–51) Reicht die Energie noch, lohnt ein Besuch des opulenten niederländisch-klassizistischen ■ **K**ONINKLIJK **P**ALEIS (siehe S. 52–53). Gleich nebenan liegt die spätgotische ■ **N**IEUWE **K**ERK (siehe S. 51), 2013 Schauplatz der Krönung Willem-Alexanders und zudem Veranstaltungsort für Ausstellungen.

❼ **Rotlichtviertel** (siehe S. 70, 78–79) Hat man die Atmosphäre aufgesaugt, sollte man die mediterrane Küche des ■ **B**LAUW **AAN DE** **W**AL *(Oudezijds Achterburgwal 99)* genießen. Die ruhige Hinterhofterrasse war Teil eines Klosters und bildet in der lebhaften Umgebung einen Zufluchtsort. Als Alternative bietet sich eine der Bars am ■ **N**IEUWMARKT (siehe S. 68) an.

TOUR KOMPAKT

TOUR KOMPAKT

❻ Rotlichtviertel
(siehe S. 70, 78–79) **Sex sells –** nirgends gilt das mehr als in Amsterdams berüchtigtem, neonrot erleuchtetem Vergnügungsviertel, das beinahe so alt ist wie Stadt selbst. Gucken ist erlaubt, aber Fotos sind verpönt. Achten Sie außerdem vor allem bei nächtlichen Streifzügen auf Taschendiebe!

❺ Dam
(siehe S. 50–51) **Auf dem historischen Platz** finden Kundgebungen, königliche Hochzeiten und andere Feierlichkeiten statt. Vom Nationaldenkmal aus kann man den Blick auf den Königspalast und die Nieuwe Kerk genießen, dann folgt man der Warmoesstraat.

❹ Anne Frank Huis
(siehe S. 118–121) **Nach dem Besuch des** Hinterhauses, in dem sich die Familie Frank vor den Nazis versteckte, geht es zum Dam.

❸ De Negen Straatjes
(siehe S. 138–139) **In den** »Neun Straßen« drängen sich Designerboutiquen, Trödelläden und gemütliche Cafés. Die Kreditkarte glühen lassen, dann weiter Richtung Norden zur Prinsengracht.

(Karte: Amsterdam)

Brouwers-gracht
PALM-GRACHT
LIJNBAANSGRACHT
LINDEN-GRACHT
Noorderkerk
Printen-gracht
Keizers-gracht
Herengracht
WESTERSTRAAT
JORDAAN
EGELANTIERS-GRACHT
Anne Frank Huis
Westerkerk **❹**
ROZENGRACHT
LAURIER-GRACHT
Woonbootmuseum
MARNIXSTRAAT
De Negen Straatjes
❸
Bijbels Museum
KONINGS-PLEIN
LEIDSEGRACHT
American Hotel & Café Americain
LEIDSEPLEIN
SPIEGEL-KWARTIER
STADHOUDERSKADE
Lijnbaans-gracht
WETERINGSCHANS
Rijksmuseum
MUSEUMPLEIN

AMSTERDAM AN EINEM WOCHENENDE TAG 1 STRECKE: 5 KM DAUER: ETWA 7 STD. START: NIEUWMARKT

Amsterdam an einem Wochenende

*Eine Rundtour zu Amsterdams meistbesuchten Sehenswürdigkeiten,
bei der auch Shopping nicht zu kurz kommt.*

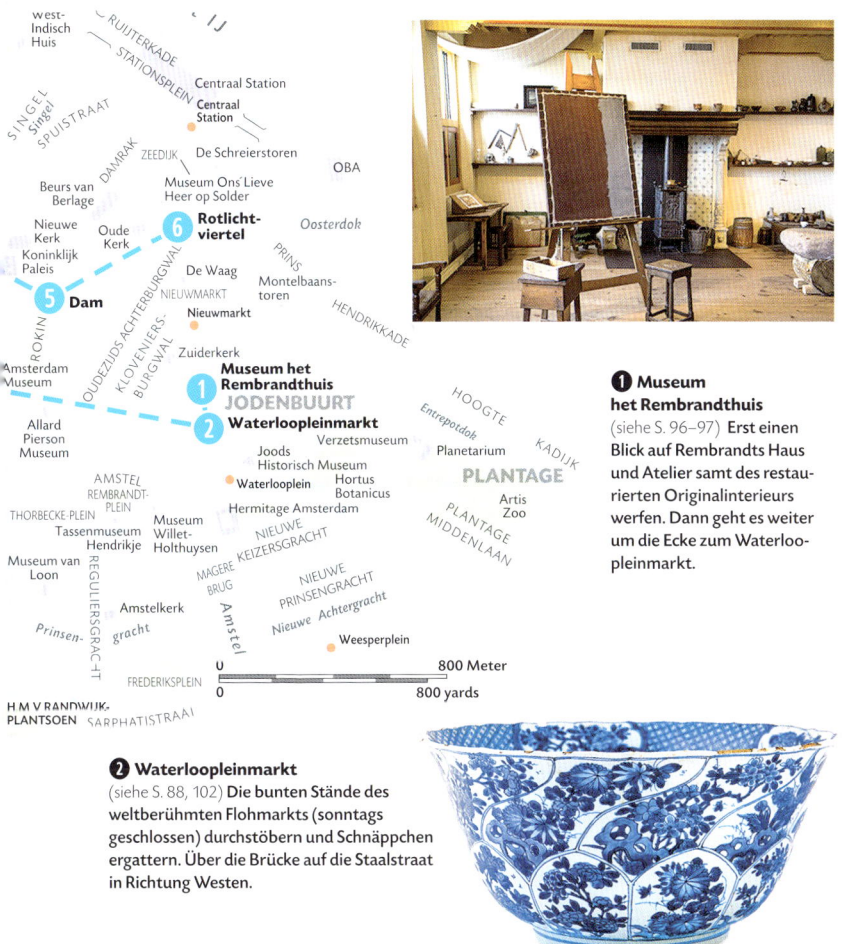

TOUR KOMAPKT

Map labels:
West-Indisch Huis · RUIJTERKADE · STATIONSPLEIN · SINGEL · Singel · SPUISTRAAT · Centraal Station · Centraal Station · DAMRAK · ZEEDIJK · De Schreierstoren · OBA · Beurs van Berlage · Museum Ons' Lieve Heer op Solder · Nieuwe Kerk · Oude Kerk · **6 Rotlicht- viertel** · Oosterdok · Koninklijk Paleis · **5 Dam** · OUDEZIJDS ACHTERBURGWAL · De Waag · PRINS HENDRIKKADE · Montelbaans- toren · ROKIN · NIEUWMARKT · KLOVENIERS- BURGWAL · Nieuwmarkt · Amsterdam Museum · Zuiderkerk · **1 Museum het Rembrandthuis** · **JODENBUURT** · HOOGTE · Allard Pierson Museum · **2 Waterloopleinmarkt** · Entrepotdok · Verzetsmuseum · Joods Historisch Museum · Planetarium · KADIJK · **PLANTAGE** · AMSTEL · REMBRANDT- PLEIN · Waterloopein · Hortus Botanicus · Artis Zoo · THORBECKE-PLEIN · Tassenmuseum Hendrikje · Museum Willet- Holthuysen · Hermitage Amsterdam · NIEUWE KEIZERSGRACHT · PLANTAGE MIDDENLAAN · Museum van Loon · MAGERE BRUG · NIEUWE PRINSENGRACHT · REGULIERSGRACHT · Amstelkerk · Amstel · Nieuwe Achtergracht · Prinsen- gracht · Weesperplein · FREDERIKSPLEIN · **800 Meter** · 0 · 800 yards · H M V RANDWIJK- PLANTSOEN · SARPHATISTRAAI

**❶ Museum
het Rembrandthuis**

(siehe S. 96–97) **Erst einen
Blick auf Rembrandts Haus
und Atelier samt des restaurierten Originalinterieurs
werfen. Dann geht es weiter
um die Ecke zum Waterloo-
pleinmarkt.**

❷ Waterloopleinmarkt

(siehe S. 88, 102) **Die bunten Stände des
weltberühmten Flohmarkts (sonntags
geschlossen) durchstöbern und Schnäppchen
ergattern. Über die Brücke auf die Staalstraat
in Richtung Westen.**

Amsterdam an einem Wochenende

Ein Tag voller Kultur – abgerundet mit einer entspannten Bootsfahrt auf Amsterdams Grachten und einem leckeren Cocktail.

❶ **Rijksmuseum**
(siehe S. 158–161)
Reicht die Zeit nur für ein Gemälde, sollte es »Die Nachtwache« von Rembrandt sein. Die Stadhouderskade hinauf zum Eingang des Vondelparks.

ADMIRAAL DE RUIJTERWEG

Kostverlorenvaart

BELLAMYPLEIN

OUD WEST

KINKERSTRAAT

P. LANGENDIJKSTRAAT

OVERTOOM

❷ **Vondelpark**
(siehe S. 154–155) **Was der Central Park für New York, ist der Vondelpark für Amsterdam. Nach einem Spaziergang dem Weg zur Brücke folgen und Richtung Süden entlang der Van Baerlestraat.**

Vondelpark
❷ = =

❸ **Stedelijk Museum**
(siehe S. 150–151) **Im Museum für moderne Kunst und zeitgenössisches Design sind Arbeiten von Andy Warhol, Gilbert & George, Karel Appel und Willem de Koonig zu bewundern. Danach einen Blick ins benachbarte Van-Gogh-Museum werfen.**

AMSTERDAM AN EINEM WOCHENENDE TAG 2 STRECKE: 3,5 KM DAUER: ETWA 8 STD. START: RIJKSMUSEUM

⑤ American Hotel (siehe S. 168)
Cocktails schlürfen mit Künstlern im Art-déco-Ambiente des Café Americain. Dann über den Kanal zur Nassaukade und von dort mit dem Boot oder der Tram (Linie 1, 2 oder 5) zur Centraal Station – dem Startpunkt vieler abendlicher Grachtenfahrten.

0   800 Meter
0   800 yards

HUGO GROOT. STR.
DE STR.

Da Costa-gracht
NASSAUKADE
BILDERDIJKSTRAAT

LAURIER-GRACHT
Woonbootmuseum
MARNIXSTRAAT
LEIDSEGRACHT

De Negen Straatjes
Amsterdam Museum
Bijbels Museum
SPUI
KONINGS-PLEIN
ROKIN
Singel

THORBECKE-PLEIN
Gouden Bocht
KEIZERS-GRACHT
Museum van Loon
REGULIERSGRACHT

American Hotel
⑤ LEIDSEPLEIN
EERSTE CONSTANTIJN HUYGENSSTRAAT
WETERINGSCHANS
Lijnbaans-gracht
SPIEGEL-KWARTIER
VIJZELSTRAAT

① **Rijksmuseum**
MUSEUMPLEIN
④ **Van Gogh Museum**
H.M.V. RANDWIJK-PLANTSOEN
Singelgracht

③ **Stedelijk Museum**
Concertgebouw
MUSEUM QUARTER
VAN BAERLESTRAAT
HOBBEMAKADE
Heineken Experience
Albert Cuypmarkt

ZUID
DE LAIRESSESTRAAT

JACOB OBRECHT-PLEIN
J.M. COENENSTR.
Noorder Amsterkanaal
CEINTUUR-BAAN

④ Van Gogh Museum
(siehe S. 162–165)
Das 1973 eröffnete Museum ist den Werken van Goghs und anderer Post-Impressionisten gewidmet. Nach dem Besuch zurück zum Rijksmuseum und die Singel-Gracht überqueren.

Tipps

Zwei Tage genügen, um einen Eindruck von der bewegten Geschichte und der vielfältigen Kultur Amsterdams zu gewinnen. Um individuelle Akzentsetzungen zu ermöglichen, werden im Folgenden Sehenswürdigkeiten, Cafés und Restaurants vorgestellt, die etwas abseits der bekannten Routen liegen.

TOUR KOMPAKT

TAG 1

❷ **Waterloopleinmarkt** (siehe S. 88, 102) Direkt neben dem Markt liegt das ■ HET MUZIEKTHEATER (siehe S. 82–83), mit exzellenten Ballett- und Opernangeboten sowie Auftritten internationaler Tanzkompanien. Für eine Minestrone oder einen italienischen Salat ist das ■ PUCCINI (*Staalstraat 21*) perfekt. Ein paar Türen weiter im

CLEVER **REISEN**

Amsterdams Kulturszene bietet das ganze Jahr über außergewöhnliche Events. Steht nur einen Abend zur Verfügung, sollte man sich einfach die Tagesangebote im AUB Ticketshop (*Leidseplein 26*) ansehen. Hier erhält man einen Überblick über sämtliche Veranstaltungen des Tages – und ab 10 Uhr morgens Last-Minute-Tickets mit bis zu 50 Prozent Rabatt.

zugehörigen ■ PUCCINI BOMBONI (*Staalstraat 17*) gibt es Schokolade mit Tee- und Pfefferaromen. Erstklassiges niederländisches Design findet man bei ■ DROOG (siehe S. 166).

❸ **De Negen Straatjes** (siehe S. 138–139) Nicht das ■ BRILMUSEUM (*Gasthuismolensteeg 7*) verpassen: Es widmet sich der Geschichte der Brille und stellt Exemplare aus sieben Jahrhunderten aus. Mit mehr als 200 Käsesorten im Angebot ist ■ DE KAASKAMER (siehe S. 126) der perfekte Anlaufpunkt für ein kulinarisches Souvenir. Leckere Brote, Quiches und Torten zum Mitnehmen gibt es in der ■ BAKKERIJ ANNÉE (*Runstraat 25*).

❹ **Anne Frank Huis** (siehe S. 118–121) In der ■ WESTERKERK (siehe S. 111) aus dem Jahr 1620 liegen Rembrandts sterbliche Überreste in einem Armengrab. Im Sommer kann man die Kirchturmspitze besteigen. Auf der Südseite befindet sich eine Anne-Frank-Statue des niederländischen Bildhauers Mari Andriessen, der sein künstlerisches Schaffen den Opfern des Holocaust widmete. An die Verfolgung von Schwulen und Lesben erinnert das ■ Homomonument (siehe S. 110–111). Postkarten und Souvenirs gibt es im Kiosk ■ Pink Point (*Ecke Raadhuisstraat/Keizersgracht*).

TAG 2

❶ **Rijksmuseum** (siehe S. 158–161) Für eine Abkühlung bietet sich das ■ Zuiderbad (siehe S. 39, 168) an – ein 1911 erbautes Jugendstil-Hallenbad. Wer mag, genießt (auch tagsüber) ein klassisches Konzert in dem für seine Akustik weltbekannten ■ Concertgebouw (siehe S. 83, 151–153).

❷ **Vondelpark** (siehe S. 154–155) Eines der bestgehüteten Geheimnisse Amsterdams befindet sich mitten im Park: Das ■ Blauwe Theehuis (*www. blauwetheehuis.nl*) ähnelt einer fliegenden Untertasse, deren obere Etage eins ist mit den umliegenden Bäumen. Direkt nebenan ist die Freiluftbühne ■ open-air theater (*www.openluchttheater.nl*), mit einem vielfältigen Sommerprogramm. Einen Besuch wert ist auch die ■ Hollandsche Manege (siehe

Die Westerkerk aus Richtung Prinsengracht

S. 38), eine Reitschule mit Café. Vor dem Verlassen des Parks kann man sich noch auf die Suche nach der Picasso-Skulptur begeben, die dieser der Stadt 1965 stiftete. Dabei Ausschau halten nach frei fliegenden Sittichen.

❺ **American Hotel** (siehe S. 168) Einen Steinwurf vom Hotel entfernt, befinden sich die Kulturzentren ■ Melkweg (siehe S. 83) und ■ Paradiso (siehe S. 27). Infos zu Konzerten erhält man beim AUB Ticketoffice (*Leidseplein 26*). Frisch zubereitete Nudelgerichte gibt es im ■ Wagamama (*Max Euweplein 10*). Am Ponton gegenüber dem Hotel hält der ■ Canal Bus (*www.canal.nl*) – je nach Jahreszeit zu wechselnden Zeiten (aktuellen Fahrplan beachten!). Wird eine spezielle Bootstour mit Candlelight Dinner gewünscht, auf den Weg zur ■ Centraal Station (siehe S. 48) machen.

Shoppingtour durch Amsterdam

*Von Diamanten und Handtaschen bis zur neuesten Haute Couture:
Ein »Shoppen-bis-zum-Umfallen-Tag« endet mit Schlemmen, Spaß und Musik.*

❻ Paradiso (siehe S. 27)
Die Late-Night-Shows des in den 60ern in einer ehemaligen Kirche gegründeten und bis heute mit den Originalfenstern ausgestatteten »Pop-Tempels« zählen zu den besten Livemusik-Events der Stadt.

❺ P. C. Hooftstraat
(siehe S. 27, 153–154) **Shopping-Fans** gehen an der Hofstraat an Land, der teuersten Einkaufsstraße der Stadt mit vielen Luxusboutiquen, etwa von Gucci und Cartier. Zur Abenddämmerung die Tram (Linie 3 oder 12) zur De Clercqstraat nehmen und Richtung Osten zur Rozengracht laufen.

❹ Nachmittagstee im Amstel Hotel
(siehe S. 27) **Ein Tässchen Tee, Gebäck und ein Glas Champagner** – dazu trifft sich die niederländische High Society seit 1860 in der eleganten Lounge des Amstel Hotels. Vom hoteleigenen Anleger lässt man sich standesgemäß mit einem Wassertaxi zur Singelgracht bringen.

**SHOPPINGTOUR DURCH AMSTERDAM   STRECKE: 9,2 KM
DAUER: ETWA 8,5 STD.   START: NIEUWMARKT**

❶ Gassan Diamonds
(siehe S. 26) **Nicht nur die Diamanten sind bei Gassan spektakulär, denn das Schleifen und Polieren findet im Boas-Gebäude statt, einem der architektonischen Schmuckstücke Amsterdams. Nach der kostenlosen Führung geht es zu Fuß weiter zum Waterlooplein. Dort die Amstel überqueren und ihr Richtung Westen bis zur Singel folgen, dann nach links auf die Huidenstraat abbiegen.**

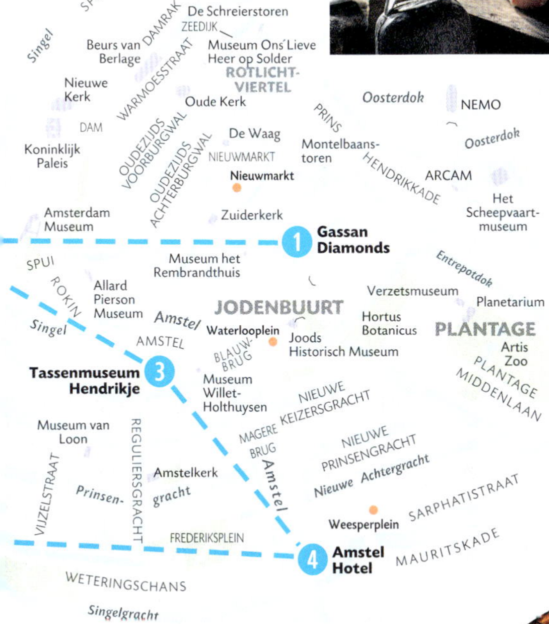

❷ De Negen Straatjes
(siehe S. 26, 138–139) **Es ist egal, in welcher der neun exklusiven Einkaufsstraßen im Herzen des südlichen Grachtengürtels man damit beginnt, die mehr als 40 Boutiquen zu durchforsten. Endpunkt ist die Herengracht, dann nach rechts zurück zur Amstel.**

TOUR KOMPAKT

❸ Tassenmuseum Hendrikje
(siehe S. 26, 134) **In die weltweit größte Sammlung von Handtaschen eintauchen und im Museumsshop einige davon erwerben. Von dort aus zum Fluss und diesem südlich zur Hogesluis-Brücke/Sarphatistraat folgen.**

Karte

STATIONSPLEIN
Centraal Station
Centraal Station
SPUISTRAAT
De Schreierstoren
ZEEDIJK
Singel
Beurs van Berlage
WARMOESSTRAAT
Museum Ons' Lieve Heer op Solder
RÖTLICHT-VIERTEL
Nieuwe Kerk
DAM
Koninklijk Paleis
OUDEZIJDS VOORBURGWAL
Oude Kerk
OUDEZIJDS ACHTERBURGWAL
De Waag
NIEUWMARKT
Nieuwmarkt
Oosterdok
NEMO
PRINS HENDRIKKADE
Montelbaanstoren
Oosterdok
ARCAM
Amsterdam Museum
Zuiderkerk
Het Scheepvaartmuseum
❶ Gassan Diamonds
SPUI
ROKIN
Museum het Rembrandthuis
Allard Pierson Museum
Amstel
AMSTEL
Singel
JODENBUURT
Waterlooplein
BLAUW BRUG
Joods Historisch Museum
Entrepotdok
Verzetsmuseum
Hortus Botanicus
Planetarium
PLANTAGE
Artis Zoo
PLANTAGE MIDDENLAAN
Tassenmuseum Hendrikje ❸
Museum Willet-Holthuysen
MAGERE BRUG
NIEUWE KEIZERSGRACHT
Museum van Loon
REGULIERSGRACHT
Amstelkerk
gracht
Amstel
NIEUWE PRINSENGRACHT
Nieuwe Achtergracht
SARPHATISTRAAT
VIJZELSTRAAT
Prinsen-gracht
FREDERIKSPLEIN
Weesperplein
❹ Amstel Hotel
MAURITSKADE
WETERINGSCHANS
Singelgracht

SHOPPINGTOUR **DURCH AMSTERDAM**

Gassan Diamonds

1 Bei Gassan sind Diamanten nicht nur »a girl's best friend«. Die Firma veranstaltet kostenlose Führungen und präsentiert dabei die Kunst des Schleifens und Polierens der teuren Steine. In der Boutique findet man neben schlichteren, unbearbeiteten Exemplaren auch atemberaubende Colliers oder mit Diamanten besetzte Taschenuhren. Das ebenso faszinierende, neoklassizistische Gebäude von 1899 ist eine der letzten in der Altstadt betriebenen Fabriken.

Nieuwe Uilenburgerstraat 173–175, 1011 LN • www.gassan.com • Tel. 020 622 533 • Metro: Nieuwmarkt • Tram: 9, 14

De Negen Straatjes

2 Eingekeilt von der Singel- und der Prinsengracht, bilden »Die Neun Straßen« im Westen der Altstadt eins der faszinierendsten Einkaufsviertel Amsterdams. In den Grachtenhäusern aus dem 17. Jahrhundert finden sich teils skurrile Geschäfte mit einem vielseitigen Angebot, das von der Seifenmanufaktur über handwerklich gefertigten Schmuck bis zu Designermode reicht.

www.theninestreets.com • Tram: 13, 14, 17

Tassenmuseum Hendrikje

3 Das Museum in einem Grachtenhaus aus dem 17. Jahrhundert kann mit einer Sammlung von mehr als 4000 Hand- und Schultertaschen, Geldbeuteln sowie Gepäckstücken aus fünf Jahrhunderten auftrumpfen. Die Kollektion enthält ausgefallene Stücke wie einen im Frankreich des 18. Jahrhundert aus sandkorngroßen sablé- Glasperlen gefertigten Beutel oder die wie ein Törtchen aussehende, vollständig mit Swarovski-Kristallen bedeckte »Cupcake«-Abendtasche im Sex-and-the-City-Stil.

Im Tassenmuseum Hendrikje: Taschen von Chanel, Hermès und Louis Vuitton.

Herengracht 573, 1017 CD • www.tassenmuseum.nl • Tel. 020 524 6452 • €€–€€€ • geschlossen: 1. Jan., 27. April (Königstag) und 25. Dez. • Metro: Waterlooplein • Tram: 4, 9

Nachmittagstee im Amstel Hotel

4 Ob Jasmintee, Oolong oder Darjeeling Golden Flowery Orange Pekoe – eine Teezeremonie in der Lounge des **Amstel Hotels** bleibt in Erinnerung. Ein Tisch mit Blick auf den Fluss, dazu den Lieblingstee und niederländische Krokant- und Haselnuss-Kekse.

Professor Tulpplein 1, 1018 GX • www.amsterdam.interconti nental.com • Tel. 020 622 6060 • €€€ • Metro: Weesperplein

P. C. Hooftstraat

5 Im noblen Oud-Zuid-Viertel (Alter Süden) schlägt Amsterdams Modeherz. Die P. C. Hofstraat beherbergt in den schicken Stadthäusern aus dem 19. Jahrhundert neben einheimischen Design-Studios wie Oilily, Blue Blood Denim und Oger auch Luxusboutiquen internationaler Labels wie Chanel, Gucci, Hermès und Louis Vuitton. Zudem liefert die Straße das ganze Jahr über regelmäßig den Schauplatz für Laufsteg-Events und Outdoor-Modenschauen.

www.pchooftstraat.nl • Tram: 2, 5

Paradiso

6 Neben dem Concertgebouw (siehe S. 83) ist das Paradiso Amsterdams führender Veranstaltungsort für Livekonzerte. Auf der in einer düsteren Kirche aus dem 19. Jahrhundert untergebrachten Bühne sind seit den Anfängen als Hippie-Treffpunkt in den 1960er-Jahren unzählige Rock- und Pop-Legenden wie The Cure und die Cocteau Twins aufgetreten. Gewöhnlich finden zwei Liveshows pro Abend statt.

Weteringschans 6, 1017 SG • www.paradiso.nl • Tel. 020 626 4521 • €€–€€€ • Tram: 1, 2, 5, 6, 7, 10

GUT **ESSEN**

■ CAFÉ AMERICAIN
Ein Fest für Augen und Gaumen. Das Café im American Hotel ist bekannt für seine Einrichtung im Art-déco-Stil und die ausgezeichneten Meeresfrüchte. **Leidsekade 97, 1017 PN, Tel. 020 556 3000, €€–€€€€**

■ PURI MAS
Die *Reistafel* gehört zu den Spezialitäten dieses indonesischen Restaurants. Auf der Karte finden sich auch Gerichte, die glutenfrei, halal oder vegetarisch sind. **Lange Leidsedwarsstraat 37–41, 1017 NG, Tel. 020 627 7627, €–€€€**

■ THE PANTRY
Das rustikale Lokal bietet traditionelle Gerichte wie den *Zuurkoolstamppot* (Kartoffelpüree gemischt mit Sauerkraut). **Leidsekruisstraat 21, 1017 RE, Tel. 020 620 0922, €–€€**

TOUR KOMPAKT

Amsterdam für Geschichtsliebhaber

Vom Mittelalter bis zum Zweiten Weltkrieg,
in der niederländischen Metropole gibt es reichlich Historisches zu entdecken.

❶ Amsterdam Museum
(siehe S. 30, 56–59) **Das Museum** vermittelt anschaulich die Entwicklung der Stadt von einer Fischersiedlung zur kosmopolitischen Metropole. Auf dem Nieuwezijds Voorburgwal nach Norden, dann rechts in die Paleisstraat abbiegen und bis zum Dam gehen.

❷ Dam
(siehe S. 30, 50–51) **Einer der ältesten** und eindrucksvollsten Plätze Europas mit dem Koninklijk Paleis (17. Jahrhundert), der Nieuwe Kerk (15. Jahrhundert) und weiteren historischen Gebäuden. Von hier die Damrak hinunter, dann links in den schmalen Haringpakkerssteeg.

❸ West-Indisch Huis
(siehe S. 30) **Von hier aus wurden New** Amsterdam (heute New York) und die übrigen niederländischen Kolonien in Amerika verwaltet. Zur Damrak zurückgekehrt, geht es die belebte Prins Hendrikkade entlang bis zur barocken Sint Nicolaaskerk.

❹ De Schreierstoren
(siehe S. 30, 72) **Heute ein beliebtes Café,** ist der Turm eines der wenigen erhaltenen Gebäude der mittelalterlichen Stadtbefestigung. Von hier aus rechts auf die Geldersekade bis zum Nieuwmarkt.

❺ De Waag
(siehe S. 31, 68–69) **Das älteste weltliche** Gebäude der Stadt diente in 500 Jahren zuerst als Stadttor, später als Zünftehaus und Feuerwache. Heute finden hier Ausstellungen und Veranstaltungen statt. Vom Südende des Platzes aus geht es den Kloveniersburgwal entlang bis zur Oude Hoogstraat.

AMSTERDAM FÜR GESCHICHTSLIEBHABER STRECKE: 4,5 KM
DAUER: ETWA 8 STD. START: TRAM SPUI

❻ Oost-Indisch Huis

(siehe S. 31) **Das Ziegelsteingebäude mit kunstvollen Architekturdetails und dem liebevoll restaurierten Innenhof ist heute Teil der Universität Amsterdam. Südöstlich in die Oude Hoogstraat und Nieuwe Hoogstraat, dann rechts auf die Sint Antoniesbreestraat und weiter entlang der Jodenbreestraat.**

Westelijke Eilanden
Bickers-eiland
WESTER DOKSDIJK
Het IJ
HAARLEMMER-BUURT
HAARLEMMERSTR
DE RUIJTERKADE
STATIONSPLEIN
West-Indisch Huis ❸
0   800 Meter
0   800 yards
Centraal Station
Centraal Station
SINGEL
-gracht
Singel
SPUISTRAAT
DAMRAK
WARMOESSTRAAT
Beurs van Berlage
ZEEDIJK
❹ De Schreierstoren
ROTLICHT-VIERTEL
Oosterdok
Nieuwe Kerk
ADHUIS AAT
Koninklijk Paleis
OUDEZIJDS VOORBURGWAL
Oude Kerk
Dam ❷
❺ De Waag
PRINS
NIEUWMARKT
Nieuwmarkt
Montelbaans-toren
HENDRIKKADE
SPUISTR
ROKIN
SPUI
Oost-Indisch Huis ❻
Zuiderkerk
❶ Amsterdam Museum
Allard Pierson Museum
❼ Museum het Rembrandthuis
HOOGTE
KADIJK
Entrepotdok
Verzetsmuseum
❽
ONINGS-PLEIN
Singel
JODENBUURT
Amstel
Waterlooplein
Hortus Botanicus
Planetarium
PLANTAGE
AMSTEL REMBRANDT-PLEIN
BLAUW-BRUG
Joods Historisch Museum
Artis Zoo
PLANTAGE MIDDENLAAN
Gouden Bocht
KEIZERS-GRACHT
THORBECKE-PLEIN
Museum Willet-Holthuysen
NIEUWE KEIZERSGRACHT
SPIEGEL-VARTIER
MAGERE BRUG
REGULIERSGRACHT
NIEUWE PRINSENGRACHT
Museum van Loon
Prinsen-
Amstelkerk
Amstel
Nieuwe Achtergracht
SARPHATISTRAAT
UIJZELSTRAAT
gracht
Weesperplein

❼ Museum het Rembrandthuis

(siehe S. 31, 96–97) **Fast 20 Jahre lang lebte und wirkte der niederländische Maler in dem dreistöckigen Haus, das mehr als 300 seiner Werke beherbergt. Nun rechts halten und der Jodenbreestraat und ihren Verlängerungen bis zur Plantage Kerklaan folgen.**

❽ Verzetsmuseum

(siehe S. 31, 92–93) **Mitten ins 20. Jahrhundert führt das dem Zweiten Weltkrieg und dem niederländischen Widerstand gegen die Nazi-Besetzung gewidmete Museum.**

AMSTERDAM **FÜR GESCHICHTSLIEBHABER**

TOUR KOMPAKT

Amsterdam Museum

1 Die vielfältige Historie der Stadt wird hier mittels zahlreicher Ausstellungsexponate, Gemälde, Videos und Kurzfilmen spannend und kreativ präsentiert.

Kalverstraat 92, 1012 PH | Sint Luciënsteeg 27, 1012 PM • www.amsterdam museum.nl • Tel. 020 523 1822 • €€–€€€ • geschlossen: 1. Jan., 27. April (Königstag) und 25. Dez. • Tram: 1, 2, 4, 5, 9, 14, 16, 24, 25

Dam

2 Seit fast 800 Jahren bildet der pulsierende Dam mit Gebäuden aus verschiedenen Epochen das Herz Amsterdams. Das Rathaus (später Koninklijk Paleis) ist ein Sinnbild des Reichtums und der Macht der Niederlande auf der Höhe ihres Goldenen Zeitalters. Bei dem Komplex wurde weder bei den Fassaden noch bei den Innenausbauten aus Marmor gespart. In der Nieuwe Kerk gegenüber lohnt ein Blick auf die spektakuläre Orgel aus dem 17. Jahrhundert.

Metro: Centraal Station • Tram: 1, 2, 4, 5, 9, 16, 24, 25

Der niederländische Architekt J. J. P. Oud entwarf im Jahr 1956 das Nationaal Monument auf dem Dam.

West-Indisch Huis

3 Die Niederländische Westindien-Kompanie leitete von hier aus den Handel mit Amerika. Im vom Herenmarkt zugänglichen Innenhof steht eine Statue von **Peter Stuyvesant,** dem Gouverneur New Amsterdams im 17. Jahrhundert.

Herenmarkt 97, 1013 EC • www.john-adams.nl • Tel. 020 624 7280 • Tram: 1, 2, 5, 13, 17

De Schreierstoren

4 Der Turm aus dem 15. Jahrhundert mit seinem spitzen Dach liegt an den Docks, von denen aus Henry Hudson 1609 nach Nordamerika segelte.

Prins Hendrikkade 94, 1012 AE • Metro: Centraal Station oder Nieuwmarkt • Tram: 1, 2, 4, 5, 9, 13, 16, 17, 24, 25

De Waag

5 1456 als Stadttor erbaut, erhielt das Gebäude seinen Namen, weil es zum einen ab etwa 1600 als offizielle Waage für die Waren der Händler genutzt wurde, zum anderen als Zunfthaus. Über den Eingängen sieht man noch die Gildewappen der Schmiede, Maler, Chirurgen und Maurer.

Nieuwmarkt 4, 1012 CR • Metro: Nieuwmarkt • Tram: 4, 9, 16, 24, 25

Oost-Indisch Huis

6 Verzierungen schmücken das Hauptquartier der einstigen Niederländischen Ostindien-Kompanie, die für den Handel mit Asien und die Lagerung der Gewürze verantwortlich war.

Oude Hoogstraat 24, 1012 CE • geschlossen: Sa. und So. • Metro: Nieuwmarkt • Tram: 4, 9, 14, 16, 24, 25

Museum het Rembrandthuis

7 Der Geist des niederländischen Meisters ist in den seit seinen Lebzeiten nahezu unveränderten Räumen bis heute spürbar.

Jodenbreestraat 4, 1011 NK • www.rembrandthuis.nl • Tel. 020 520 0400 • €€€ • geschlossen: 1. Jan., 27. April (Königstag) und 25. Dez. • Metro: Nieuwmarkt oder Waterlooplein • Tram: 9, 14

Verzetsmuseum

8 Der niederländische Widerstand gegen die Nazi-Besatzer steht im Zentrum der fesselnden Zeitdokumente. Ein Schachbrett mit doppeltem Boden als Versteck für Unterlagen gehört ebenso dazu wie Werkzeug zum Fälschen von Ausweisen.

Plantage Kerklaan 61, 1018 CX • www.verzetsmuseum.org • Tel. 020 620 2535 • €€ • geschlossen: 1. Jan., 27. April und 25. Dez. • Metro: Waterlooplein • Tram: 9, 14

GUT ESSEN

■ BRASSERIE-DE-POORT
Eines der ältesten Restaurants Amsterdams, berühmt für seine Steaks und seine Erbsensuppe. **Nieuwezijds Voorburgwal 176–180, 1012 SJ, Tel. 020 714 2000, €€**

■ D'VIJFF VLIEGHEN
Fünf Grachtenhäuser umfasst das Restaurant, das traditionelle niederländische Küche serviert. **Spuistraat 294–302, 1012 VX, Tel. 020 530 4060, €€€**

■ PLANCIUS
Direkt neben dem Verzetsmuseum. Mittags- und Abendgerichte mit einem guten Preis-Leistungsverhältnis. **Plantage Kerklaan 61, 1018 CX, Tel. 020 330 9469, €€**

■ VOC-CAFÉ
In diesem reizvollen Café kann man bei einem Jenever den Blick auf die Geldersekade-Gracht genießen. **Prins Hendrikkade 94, 1012 AE, Tel. 020 428 8291, €€**

TOUR KOMPAKT

Amsterdam – Wochenende mit Kindern

Schwindelerregende Aussichten oder ein uralter Baum im verwunschenen Garten – schon der erste Tag des Familienausflugs macht Lust auf diese Stadt.

❺ Hortus Botanicus
(siehe S. 35, 90–91) Bei einem erholsamen Spaziergang durch Amsterdams Botanischen Garten – einem der ältesten Europas – kann man im Schmetterlingshaus inmitten frei herumfliegender Falter den Tag entspannt ausklingen lassen.

Centraal Station

Centraal
Station

SINGEL

SPUISTRAAT

Singel

ZEEDIJK

DAMRAK

Beurs van
Berlage

WARMOESSTRAAT

Oude
Kerk

Nieuwe
Kerk

Koninklijk
Paleis

DAM

ROKIN

OUDEZIJDS
VOORBURGWAL

De Waag

NIEUWMARKT

SPUISTR.

Nieuwmarkt

Amsterdam
Museum

Zuiderkerk

SPUI

ROKIN

Museum het
Rembrandthuis

KONINGS-
PLEIN

Singel

Amstel

AMSTEL
REMBRANDT-
PLEIN

THORBECKE-PLEIN

KEIZERS-GRACHT

Tassenmuseum
Hendrikje

Museum
Willet-
Holthuysen

REGULIERSGRACHT

Prinsen-

gracht

Amstelkerk

FREDERIKSPLEIN

SARPHATISTRAAT

Singelgracht

❹ Tropenmuseum
(siehe S. 35, 170–171) Die umfangreiche Sammlung tropischer Exponate umfasst auch eine preisgekrönte Abteilung für Kinder mit spannenden Vorführungen und vielen Aktivitäten. Mit der Tram (Linie 9) bis Plantage Kerklaan.

**AMSTERDAM MIT KINDERN TAG 1 STRECKE: 7,2 KM
DAUER: ETWA 7 STD. START: METRO CENTRAAL STATION**

TOUR KOMPAKT

❶ NEMO
(siehe S. 34) **Das Wissenschaftszentrum ragt wie ein riesiges grünes Schiff in den Hafen. Auf fünf Etagen warten spannende interaktive Ausstellungsexponate auf neugierige Kinder. Anschließend weiter über die Osoterdok-Fußgängerbrücke.**

❷ Openbare Bibliotheek Amsterdam (OBA)
(siehe S. 34, 171) **In der siebten Etage der Bibliothek kann man in der Selbstbedienungs-Cafeteria La Place sein Mittagessen bei einer atemberaubenden Aussicht über die Stadt genießen. Nach 450 Metern Fußweg in Richtung Westen die Tram (Linie 9) zum Zoo nehmen.**

❸ Artis Zoo
(siehe S. 34, 93–94) **In einem der ältesten Zoos Europas Riesenschildkröten streicheln und mit den Schimpansen albern. Dann weiter nach Osten auf der Plantage Middenlaan bis zur Mauritskade.**

Map labels:

Openbare Bibliotheek Amsterdam
De Schreierstoren
ROTLICHT-VIERTEL
Dijksgracht
NEMO
Oosterdok
Oostelijke Eilanden
KATTENBURGERSTRAAT
PRINS HENDRIKKADE
Oosterdok
Montelbaanstoren
ARCAM
Het Scheepvaartmuseum
Wittenburgervaart
JODENBUURT
Nieuwe-vaart
HOOGTE
Joods Historisch Museum
Hortus Botanicus
Verzetsmuseum
Museumwerf't Kromhout
Entrepotdok
KADIJK
Waterlooplein
Planetarium
PLANTAGE
Artis Zoo
Singelgracht
NIEUWE KEIZERSGRACHT
PLANTAGE MIDDENLAAN
NIEUWE PRINSENGRACHT
Nieuwe Achtergracht
SARPHATISTRAAT
Tropenmuseum
Weesperplein
OOSTERPARK
MAURITSKADE
S'GRAVESANDE STRAAT

0 — 800 Meter
0 — 800 yards

NEMO

1 Seifenblasen, Bälle und Dominosteine – in dem von Renzo Piano gestalteten Technologiemuseum werden Kinder garantiert neugierig auf die Wissenschaften. Die Highlights: eine Kettenreaktion á la Ruben Goldberg, eine ganze Etage rund ums Gehirn und ein riesiges Labor, in dem die Kinder im weißen Kittel mit Schutzbrille nach Herzenslust experimentieren können.

Oosterdok 2, 1011 VX • www.e-nemo.nl • Tel. 020 531 3233 • €€€€ • geschlossen: Mo. (außer Juni–Aug.), 1. Jan., 27. April und 25. Dez. • Metro: Centraal Station

Openbare Bibliotheek Amsterdam

2 Mit ihrer hochmodernen Architektur hat eine der größten öffentlichen Bibliotheken Europas weit mehr zu bieten als Bücher. Von der Caféteria mit Dachterrasse hat man aus der Vogelperspektive einen fantastischen Blick über die Stadt.

Oosterdokskade 143, 1011 DL • www.oba.nl • Tel. 020 523 0900 • Metro: Centraal Station

Artis Zoo

3 Über 900 Tierarten, darunter seltene Wildtiere wie südamerikanische Mähnenwölfe, afrikanische Wildhunde, Madagaskar-Lemuren und malayische Tapire leben in dem üppig begrünten Gelände mitten im Zentrum Amsterdams. Der 1838 gegründete Zoo hat viele historische Gebäude und bietet immer wieder neue Attraktionen wie das weitläufige Afrika-Gehege, das Schmetterlingshaus und das Insektarium. Vor dem Besuch sollte man sich über das Tagesprogramm informieren, um die Löwen-, Pinguin- oder Affenfütterungen nicht zu verpassen und die Seelöwendressur zu bestaunen.

Plantage Kerklaan 38–40, 1018 CZ • www.artis.nl • Tel. 0900 278 4796 (nur NL) • €€€–€€€€ • Metro: Waterlooplein • Tram: 9, 14

PLAN B

Bei Regenwetter ist ein Besuch im **TunFun Speelpark** *(Meester Visserplein 7, 1011 RD)* ideal. Der unterirdische Spielplatz unter dem Visserplein-Platz bietet lange Rutschen, Felder für Ballspiele, Hängebrücken und eine hölzerne Rodelbahn. Eintrittsgebühr für Kinder, für Erwachsene frei.

Tropenmuseum

4 Als Teil des Königlichen Tropeninstituts widmet sich das innovative Völkerkunde-Museum Kulturen in Afrika, Südamerika, im Südpazifik, im ehemaligen Niederländisch-Ostindien und in anderen tropischen Ländern. Das Tropenmuseum Junior ist speziell auf Kinder ausgelegt, spricht aber mit Spaziergängen durch ein afrikanisches Dorf oder ein südamerikanisches Barrio, mit Weltmusik und Info-Veranstaltungen zu den Masken Neuguineas auch Mama und Papa an.

Junge Besucherinnen im Tropenmuseum vor Holzschnitzereien aus Neuginea.

Linnaeusstraat 2, 1092 CK • www.tropenmuseum.com • Tel. 020 568 8200 • €€€ • geschlossen: Mo. (außer Juli–Aug.), 27. April und 25. Dez. • Tram: 3, 7, 9, 10, 14

Hortus Botanicus

5 Die kleinsten und größten Pflanzensamen der Welt, die dicksten und niedrigsten Baumstämme und eine Seerose fast in der Größe eines Bootes sind nur einige Beispiele der mehr als 4000 Pflanzenarten, die Kinder im Botanischen Garten von Amsterdam entdecken können. Eine spezielle Karte führt zu den rekordverdächtigen Pflanzen und eine Broschüre, die man am Eingang kaufen kann, informiert Kinder und Jugendliche (auf Englisch) über gefährdete Pflanzenarten, die hier noch zu finden sind. Ganz neu: eine Ausstellung zur Fotosynthese sowie ein Kakteenhaus mit Wüstenpflanzen. Auf keinen Fall versäumen sollte man den 300 Jahre alten Riesen-Palmfarn aus Südafrika.

Plantage Middenlaan 2a, 1018 DD • www.dehortus.nl • Tel. 020 625 9021 • €€ • geschlossen: 1. Jan. und 25. Dez. • Metro: Waterlooplein • Tram: 9, 14

Amsterdam – Wochenende mit Kindern

Am zweiten Tag geht es mit dem Boot auf Tour – zum Filmeschauen, zu interessanten Museen und einem zauberhaften Hallenbad.

❶ Bootstour
(siehe S. 38) **Beim Kiosk vor der Centraal Station ein Tagesticket kaufen und los geht's mit dem Canal Bus (grüne Linie) durch die Prinsengracht. Am Leidseplein aussteigen und die Vondelstraat in westlicher Richtung nehmen.**

❷ Hollandsche Manege
(siehe S. 38) **Die niederländische Version der Spanischen Reitschule befindet sich in einem eleganten Gebäude. Danach einen Block zurückgehen und rechts in den Park.**

JORDAAN

NASSAUKADE · Singelgracht

EGELANTIERS-GRACHT

Anne Frank Huis

Westerkerk

Keizers- gracht · Heren- gracht · Singel

Bartolotti Huis

RAADHUISSTR.

ROZENGRACHT

Pulitzer Hotel

Koninklijk Paleis

LAURIER-GRACHT

KEIZERS-GRACHT

HEREN-GRACHT

SPUISTR.

NASSAUKADE

Woonbootmuseum

De Negen Straatjes

Amsterdam Museum

MARNIXSTRAAT

Bijbels Museum

SPUI · KONINGS-PLEIN

LEIDSEGRACHT

Metz & Co

American Hotel
LEIDSEPLEIN

SPIEGEL-KWARTIER

OVERTOOM

EERSTE CONSTANTIJN HUYGENSSTRAAT

STADHOUDERSKADE

Lijnbaans- gracht

Hollandsche Manege ❷

Vondelpark ❸

Rijksmuseum

Van Gogh Museum MUSEUMPLEIN

❹ ❺ **Zuiderbad**

❸ Picknick im Vondelpark
(siehe S. 38, 154–155) **In einem der schönsten Stadtparks Europas findet man auf 49 Hektar Teiche, Spielplätze, Picknickplätze und jede Menge Raum zum Fahrradfahren, Spazierengehen oder Skaten. Den Park an seiner Ostseite verlassen und von der Van Baerlestraat nach drei Straßenblocks links in die Paulus Potterstraat einbiegen.**

**AMSTERDAM MIT KINDERN TAG 2   STRECKE: 8 KM
DAUER: ETWA 10 STD.   START: METRO CENTRAAL STATION**

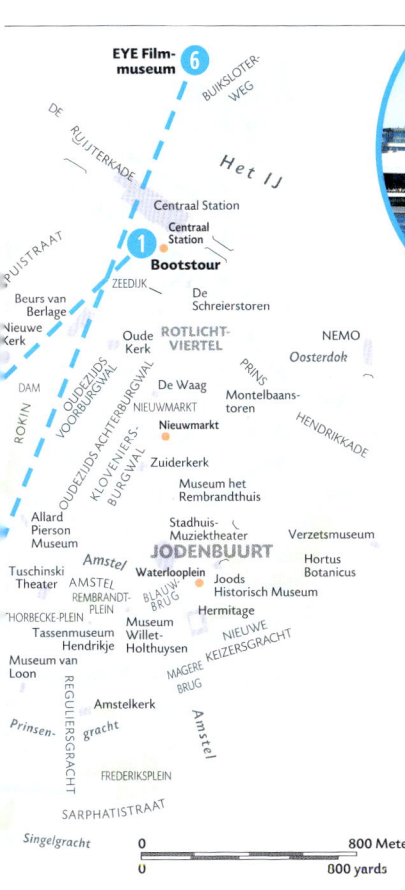

EYE Film-
museum **6**

BUIKSLOTER-
WEG

DE RUIJTERKADE

Het IJ

Centraal Station

1 Centraal
Station

Bootstour

ZEEDIJK

PUISTRAAT

Beurs van
Berlage

De
Schreierstoren

Nieuwe
Kerk

Oude
Kerk

ROTLICHT-
VIERTEL

NEMO

Oosterdok

DAM

ROKIN

OUDEZIJDS VOORBURGWAL

OUDEZIJDS ACHTERBURGWAL

De Waag

NIEUWMARKT

PRINS

Montelbaans-
toren

Nieuwmarkt

HENDRIKKADE

KLOVENIERS-BURGWAL

Zuiderkerk

Museum het
Rembrandthuis

Allard
Pierson
Museum

Stadhuis-
Muziektheater

Verzetsmuseum

JODENBUURT

Amstel

Tuschinski
Theater

AMSTEL
REMBRANDT-
PLEIN

Waterlooplein

Joods
Historisch Museum

BLAUW-
BRUG

Hortus
Botanicus

THORBECKE-PLEIN

Tassenmuseum
Hendrikje

Museum
Willet-
Holthuysen

Hermitage

NIEUWE
KEIZERSGRACHT

Museum van
Loon

MAGERE
BRUG

REGULIERSGRACHT

Amstelkerk

Amstel

Prinsen-
gracht

FREDERIKSPLEIN

SARPHATISTRAAT

Singelgracht

0   800 Meter

0   800 yards

6 **EYE Film-
museum** (siehe S. 39)
Das EYE bietet nicht nur eine
hochmoderne Architekturkulisse,
sondern auch eine Retrospektive
auf ein Jahrhundert internationaler
Filmgeschichte. Nach dem Besuch
der Ausstellung mit Filmkostpro-
ben (Eintritt frei) geht es mit dem
Canal Bus oder der Fähre zurück zur
Centraal Station.

5 **Zuiderbad**
(siehe S. 39, 168) Mit seinen Jugendstilfontänen,
-wasserfällen und -kacheln verzaubert das 100
Jahre alte Hallenbad seine Besucher zu jeder
Jahreszeit. Vor dem Rijksmuseum den Canal Bus
zum EYE besteigen.

4 **Van Gogh Museum**
(siehe S. 39, 162–165) Vincent van Goghs
Kunst fasziniert gerade auch Kinder, die sein
kraftvoller Pinselstrich und die leuchtenden
Farben begeistern. Vom Museum aus rechts in
die Paulus Potterstraat in Richtung Osten und
rechts in die Hobbemastraat einbiegen.

GUT **ESSEN**

■ EKEKO

Suppen, Salate und Sandwiches findet man im Restaurant im Tropenmuseum ebenso wie indische, brasilianische und karibische Gerichte. **Linnaeusstraat 2, 1092 CK, Tel. 020 568 8392, €€**

■ EYE BAR-RESTAURANT

Allein für eins der wunderbaren Desserts lohnt sich der Besuch dieses Rooftop-Cafés im Filmmuseum: karamelisierte Ananas mit Passionsfruchtcoulis, Meringue mit Birnen- und Mandarinensorbet oder Schokoladenterrine mit glasierten Beeren. **IJpromenade 1, 1021 KT, Tel. 020 589 1402, €€**

■ T'BLAUWE THEEHUIS

Seit 1937 serviert man in dieser Institution im Vondelpark schon mittags frische Sandwiches, Fingerfood, Desserts und Getränke in der entspannten Atmosphäre des modernistischen Pavillons im Herzen des Parks. **Vondelpark, Tel. 020 662 0254, €**

Bootstour

1 Das Canal-Bus-Ticket ermöglicht unbegrenzte Fahrten entlang den vier Wasserrouten mit 19 Anlegestellen auf Amsterdams Kanälen. Vom Anleger vor der Centraal Station startend, führt die erste Tagesetappe in 45 Minuten mit der grünen Line durch die Prinsengracht vorbei an vielen historischen Gebäuden wie dem Anne Frank Huis (mit der Option, hier auszusteigen).

Prins Hendrikkade 33A, 1012 TM • www.canal.nl/en/canalbus • Tel. 020 625 3035 • €€€€ • Metro: Centraal Station

Hollandsche Manege

2 Hollands führende Reitschule, die 1744 gegründet wurde, bietet Reitstunden, einen Geschenkshop und Führungen durch die stilvollen Stallanlagen aus dem 19. Jahrhundert. Bei der Tour durch das »lebendige Pferdemuseum« wird ein Video zur Geschichte und zur Arbeit der Reitschule gezeigt. Die Eltern können derweil einen Kaffee genießen. Im Sommer und Herbst werden für Kinder Veranstaltungen mit Ponys angeboten.

Vondelstraat 140, 1054 GT • www.dehollandschemanege.nl • Tel. 020 618 0942 • €€ • Tram: 1, 6

Picknick im Vondelpark

3 Amsterdams Antwort auf den Central Park in New York lädt zum Austoben ein. Beim Lokal Vondeltuin gibt es Inline-Skates zu leihen, mit denen man um die Picasso-Wiese oder über den Rundweg flitzen kann. Stärkungen gibt es in vier Cafés oder bei einem Picknick. Im Sommer locken kostenlose Theateraufführungen und Konzerte, am Königstag (siehe S. 177) gibt es ein Kinderprogramm.

Museumkwartier • www.iamamsterdam.com • Tel. 020 428 3360 • Tram: 1, 6

Van Gogh Museum

4 Das berühmteste Museum der Niederlande zeigt mehr als 200 Werke des postimpressionistischen Malers: darunter Selbstporträts, Sonnenblumen und weltberühmte Bilder wie *Die Ernte*; zudem Hunderte von Zeichnungen, Stichen und Briefen sowie Werke von Monet, Gauguin und Toulouse-Lautrec. Kinder können ihr Glück bei einer Schatzsuche oder beim Malen eigener Kunstwerke in Workshops versuchen.

Schlicht betitelt als »Das Schlafzimmer« (1888), zeigt das Gemälde Van Goghs Schlafraum in Arles.

Paulus Potterstraat 7, 1071 CX • www.vangoghmuseum.nl • Tel. 020 570 5200 • €€€€ • Tram: 2, 3, 5, 12, 16, 24

Zuiderbad

5 Das um die Jahrhundertwende eröffnete Hallenbad ist ein Juwel des Jugendstils. Nur ein Teil des Beckens ist für reines Bahnenschwimmen abgesperrt, der Rest ist zum vergnüglichen Plantschen freigegeben. Schließfächer, Duschräume und Umkleiden sind vorhanden. Nicht vergessen: Plastiktüte für die nassen Schwimmsachen!

Hobbemastraat 26, 1071 ZC • www.zuid.amsterdam.nl / @300893/pagina • Tel. 020 252 1390 • €€ • Tram: 1, 2, 5, 7, 10

EYE Filmmuseum

6 In dem architektonisch beeindruckenden Gebäude des EYE werden an Wochentagen mehr als zehn, an Wochenenden sogar 20 verschiedene Meilensteine der Filmgeschichte gezeigt: von Charlie Chaplins Klassiker *Moderne Zeiten* bis zu *Jurassic Park* (in 3-D) oder *Hugo Cabret*.

IJpromenade 1, 1031 KT • www.eyefilm.nl • Tel. 020 589 1400 • geschlossen: 27. April (Königstag) • Metro: Centraal Station

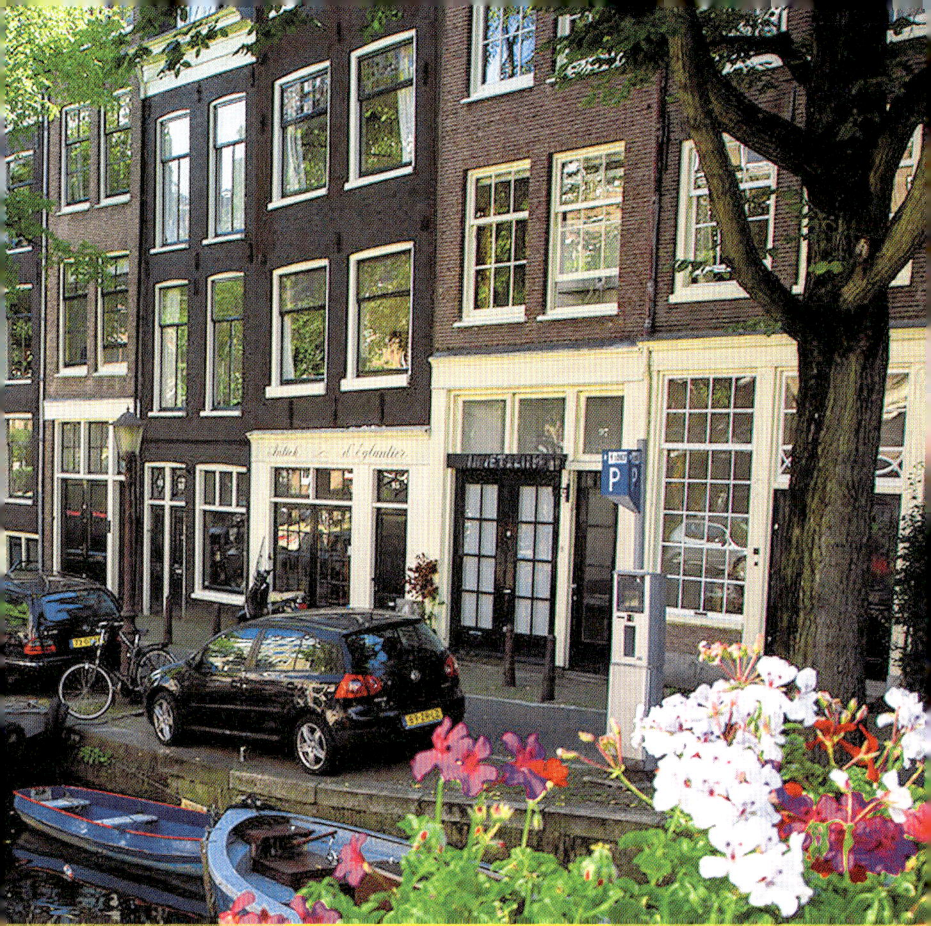

TEIL 2

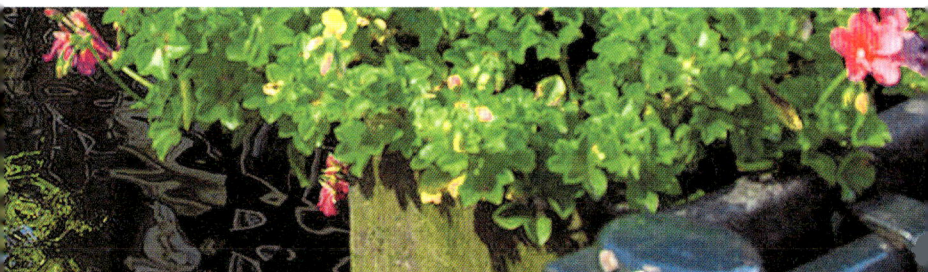

Amsterdams Stadtviertel

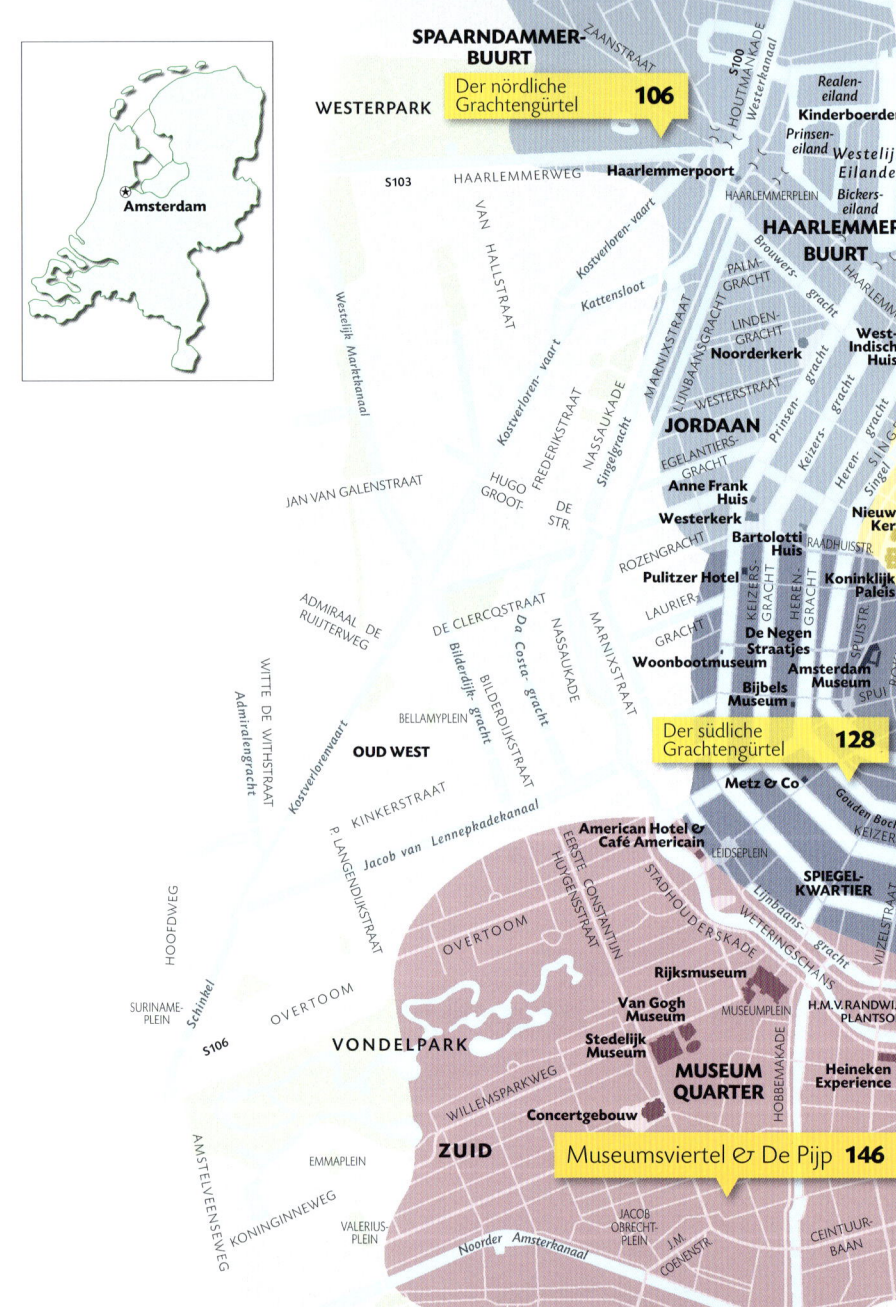

Amsterdam

SPAARNDAMMER-
BUURT

WESTERPARK

Der nördliche
Grachtengürtel **106**

ZAANSTRAAT

S100 HOUTMANKADE Westerkanaal

Realen-
eiland

Kinderboerderi

Prinsen-
eiland Westelijk
Eilanden

S103 HAARLEMMERWEG

Haarlemmerpoort

HAARLEMMERPLEIN Bickers-
eiland

HAARLEMMER-
BUURT

VAN HALLSTRAAT

Kostverloren-vaart

Kattensloot

Brouwers-gracht

PALM-
GRACHT

West-
Indisch
Huis

LINDEN-
GRACHT

Westerijk Markthanaal

Kostverloren vaart

NASSAUKADE

FREDERIKSTRAAT

Singelgracht

MARNIXSTRAAT

LIJNBAANSGRACHT

Noorderkerk

WESTERSTRAAT

Prinsen-gracht

Keizers-gracht

Heren-gracht

SINGEL

JAN VAN GALENSTRAAT

HUGO
GROOT.

DE
STR.

JORDAAN

EGELANTIERS-
GRACHT

Anne Frank
Huis

Westerkerk

Nieuwe
Kerk

Singel

Bartolotti
Huis

RAADHUISSTR.

ROZENGRACHT

Pulitzer Hotel

Koninklijk
Paleis

ADMIRAAL DE
RUIJTERWEG

DE CLERCQSTRAAT

Da Costa-gracht

Bilderdijk-gracht

NASSAUKADE

MARNIXSTRAAT

LAURIER-
GRACHT

KEIZERS
GRACHT

HEREN-
GRACHT

De Negen
Straatjes

SPUISTR.

ROKIN

Admiralengracht

WITTE DE WITHSTRAAT

BELLAMYPLEIN

BILDERDIJKSTRAAT

Woonbootmuseum

Amsterdam
Museum

Bijbels
Museum

SPUI

OUD WEST

Kostverlorenvaart

KINKERSTRAAT

P. LANGENDIJKSTRAAT

Jacob van Lennepkadekanaal

Der südliche
Grachtengürtel **128**

Metz & Co

Gouden Bocht
KEIZERS

HOOFDWEG

Schinkel

OVERTOOM

EERSTE CONSTANTIN
HUYGENSSTRAAT

American Hotel &
Café Americain

LEIDSEPLEIN

SPIEGEL-
KWARTIER

VIJZELSTRAAT

STADHOUDERSKADE

Lijnbaans-gracht

WETERINGSCHANS

SURINAME-
PLEIN

S106

OVERTOOM

VONDELPARK

Rijksmuseum

Van Gogh
Museum

MUSEUMPLEIN

H.M.V.RANDWIJK
PLANTSOE

Stedelijk
Museum

HOBBEMAKADE

Heineken
Experience

WILLEMSPARKWEG

Concertgebouw

MUSEUM
QUARTER

ZUID

Museumsviertel & De Pijp **146**

EMMAPLEIN

AMSTELVEENSEWEG

KONINGINNEWEG

VALERIUS-
PLEIN

Noorder Amsterdankanaal

JACOB
OBRECHT-
PLEIN

J.M.
COENENSTR.

CEINTUUR-
BAAN

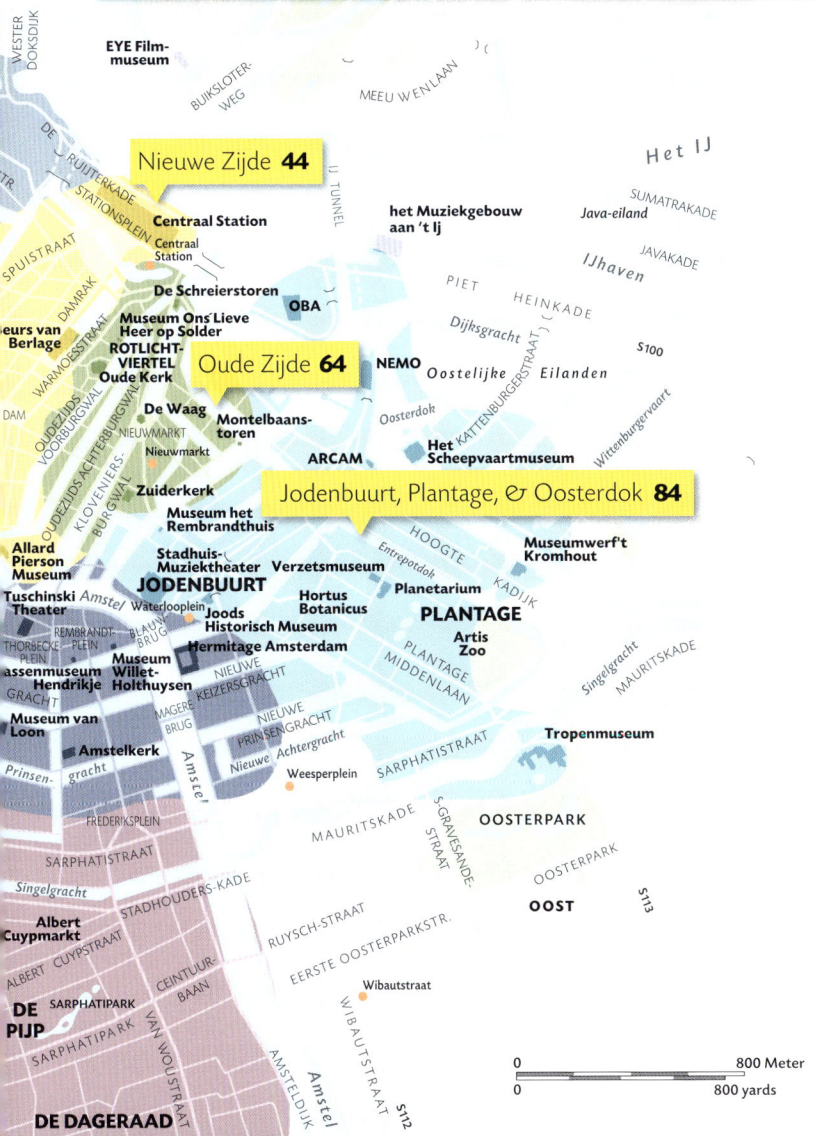

Amsterdams Stadtviertel

Het IJ

WESTER DOKSDIJK

EYE Film-museum

BUIKSLOTER-WEG

MEEU WENLAAN

DE RUIJTERKADE

STATIONSPLEIN

Het IJ

Nieuwe Zijde **44**

IJ TUNNEL

het Muziekgebouw aan 't Ij

Java-eiland

SUMATRAKADE

Centraal Station

Centraal Station

JAVAKADE

IJhaven

SPUISTRAAT

DAMRAK

De Schreierstoren

OBA

PIET HEINKADE

Dijksgracht

S100

Museum Ons Lieve Heer op Solder

ROTLICHT-VIERTEL Oude Kerk

Oude Zijde **64**

NEMO

Oostelijke Eilanden

eurs van Berlage

WARMOESSTRAAT

OUDEZIJDS VOORBURGWAL

DAM

De Waag

Montelbaans-toren

NIEUWMARKT

Nieuwmarkt

Oosterdok

KATTENBURGERSTRAAT

Wittenburgervaart

OUDEZIJDS ACHTERBURGWAL

KLOVENIERS-BURGWAL

ARCAM

Het Scheepvaartmuseum

Zuiderkerk

Museum het Rembrandthuis

Jodenbuurt, Plantage, & Oosterdok **84**

HOOGTE

Entrepotdok

KADIJK

Museumwerf 't Kromhout

Allard Pierson Museum

Stadhuis-Muziektheater

Verzetsmuseum

Planetarium

PLANTAGE

Tuschinski Theater

Amstel/ Waterlooplein

JODENBUURT

Hortus Botanicus

Artis Zoo

REMBRANDT-PLEIN

BLAUW BRUG

Joods Historisch Museum

PLANTAGE MIDDENLAAN

THORBECKE-PLEIN

assenmuseum Hendrikje

Museum Willet-Holthuysen

Hermitage Amsterdam

NIEUWE KEIZERSGRACHT

Singelgracht

MAURITSKADE

GRACHT

Museum van Loon

MAGERE BRUG

NIEUWE PRINSENGRACHT

Prinsen- gracht

Amstel

Nieuwe Achtergracht

SARPHATISTRAAT

Tropenmuseum

Amstelkerk

Weesperplein

FREDERIKSPLEIN

MAURITSKADE

S-GRAVESANDE-STRAAT

OOSTERPARK

SARPHATISTRAAT

OOSTERPARK

Singelgracht

STADHOUDERS-KADE

OOST

S113

Albert Cuypmarkt

RUYSCH-STRAAT

ALBERT CUYPSTRAAT

EERSTE OOSTERPARKSTR.

CEINTUUR-BAAN

Wibautstraat

DE PIJP

SARPHATIPARK

SARPHATIPARK

VAN WOUSTRAAT

WIBAUTSTRAAT

AMSTELDIJK

Amstel

S112

DE DAGERAAD

0   800 Meter

0   800 yards

Nieuwe Zijde

Trotz seines Namens – *nieuwe* bedeutet neu – ist das
Viertel nicht jünger als die benachbarte Oude Zijde
(Alte Seite). Namensgebend waren vielmehr die Kirchen:
Die Nieuwe Kerk wurde 150 Jahre später erbaut als die
Oude Kirk. Obwohl sich in den letzten Jahrhunderten
viel verändert hat, finden sich im westlichen Teil des
mittelalterlichen Stadtkerns noch viele
historische Bauwerke und Artefakte. Die
belebte Durchgangsstraße Damrak führt von
der Centraal Station nach Süden und weiter
entlang der Amstel bis zum Dam. Heute zieht
dieser Platz nicht zuletzt aufgrund der Nieuwe
Kerk und des Koninklijk Paleis (Königspalast)
Besucher an. Durchzogen von Tramlinien,
Wasserstraßen und Fahrradwegen, hat sich
ein großer Teil des Viertels dem Kommerz
untergeordnet, doch Schutz vor dem Trubel
bieten unweit liegend das Amsterdam Museum,
der Begijnhof und der Bloemenmarkt.

46 Stadtviertel-Tour

56 Im Detail:
    Amsterdam Museum

60 Typisch Amsterdam:
    Unterwegs auf
    zwei Rädern

62 Best of:
    Skurriles und
    Ausgefallenes

◖ **Eine Atlas-Statue
thront über
dem gewaltigen
Marmorboden
im Bürgersaal des
Koninklijk Paleis.**

Nieuwe Zijde

Der Streifzug durch Amsterdams faszinierende Vergangenheit führt über die Straßen und Plätze der Nieuwe Zijde und dann zum historischen Museum der Stadt.

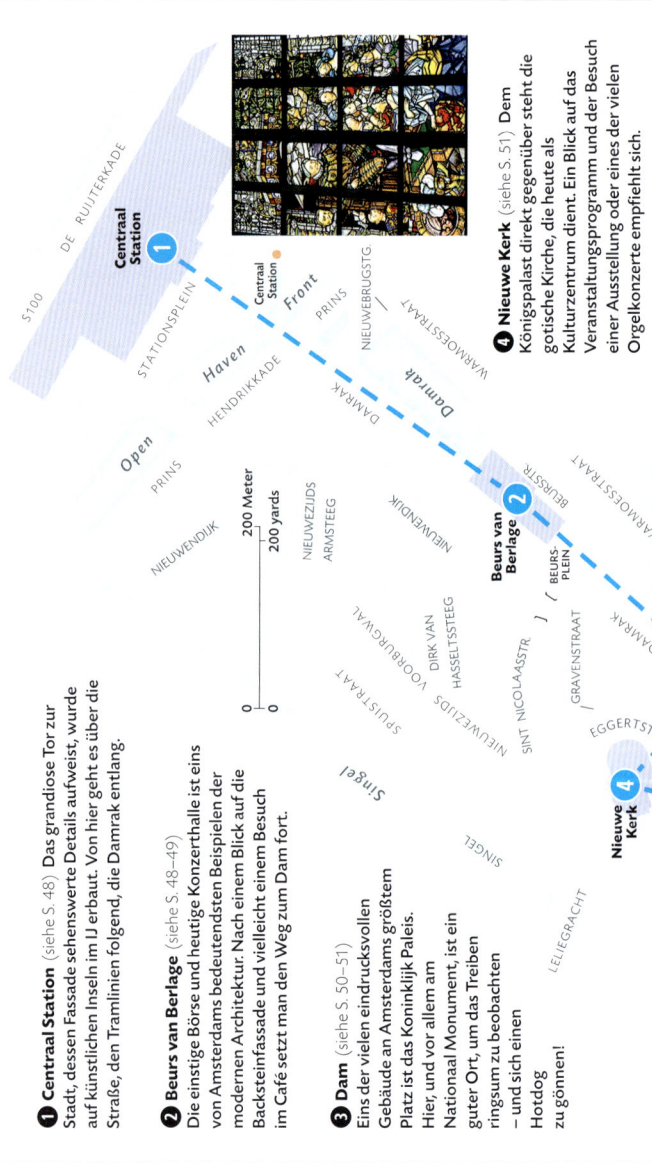

❶ Centraal Station (siehe S. 48) Das grandiose Tor zur Stadt, dessen Fassade sehenswerte Details aufweist, wurde auf künstlichen Inseln im IJ erbaut. Von hier geht es über die Straße, den Tramlinien folgend, die Damrak entlang.

❷ Beurs van Berlage (siehe S. 48–49) Die einstige Börse und heutige Konzerthalle ist eins von Amsterdams bedeutendsten Beispielen der modernen Architektur. Nach einem Blick auf die Backsteinfassade und vielleicht einem Besuch im Café setzt man den Weg zum Dam fort.

❸ Dam (siehe S. 50–51) Eins der vielen eindrucksvollen Gebäude an Amsterdams größtem Platz ist das Koninklijk Paleis. Hier, und vor allem am Nationaal Monument, ist ein guter Ort, um das Treiben ringsum zu beobachten – und sich einen Hotdog zu gönnen!

❹ Nieuwe Kerk (siehe S. 51) Dem Königspalast direkt gegenüber steht die gotische Kirche, die heute als Kulturzentrum dient. Ein Blick auf das Veranstaltungsprogramm und der Besuch einer Ausstellung oder eines der vielen Orgelkonzerte empfiehlt sich.

Kartenbeschriftungen:

DE RUIJTERKADE

S100

STATIONSPLEIN

Centraal Station

Open Haven Front

Centraal Station

PRINS
HENDRIKKADE
PRINS
NIEUWEBRUGSTG.
WARMOESSTRAAT

NIEUWENDIJK

Damrak
DAMRAK

NIEUWEZIJDS
ARMSTEEG

200 Meter
200 yards

SPUISTRAAT
SINGEL
Singel
LELIEGRACHT

NIEUWEZIJDS VOORBURGWAL
DIRK VAN
HASSELTSSTEEG

SINT NICOLAASSTR

GRAVENSTRAAT

EGGERTST.

Nieuwe Kerk

BEURS-PLEIN
Beurs van Berlage
BEURSSTR.
BEURSSTR

WARMOESSTRAAT
DAMRAK

5 Koninklijk Paleis

(siehe S. 52–53) Beim Bau des ursprünglich als Rathaus genutzten Königspalasts wurde an nichts gespart. Schon deshalb lohnt eine Besichtigung der Räume. Besonders beeindruckend ist die Atlas-Statue, die über den Bürgersaal wacht.

6 Amsterdam Museum

(siehe S. 56–59) Vom Dam geht es über die belebte Kalverstraat und den Sint Luciensteeg zum Eingang von Amsterdams historischem Museum. Interaktive Videopräsentationen geben einen faszinierenden Einblick in die bewegte Geschichte der Stadt.

ABRAHAM

7 Begijnhof

(siehe S. 53–54)
Das Museum über den Gedempte Begijnensloot verlassen und ihm bis zu einem Torbogen folgen, der in den Innenhof der früheren, klosterähnlichen Beginen-Gemeinschaft führt: eine Oase der Ruhe, die zur näheren Erkundung einlädt.

9 Bloemenmarkt

(siehe S. 55) Wie könnte man die Tour besser beenden als mit einem Besuch des weltweit einzigen schwimmenden Blumenmarkts mit einem riesigen Angebot an Pflanzen, Blumen und Saatgut?

8 Munttoren

(siehe S. 54–55) Weiter zum Spui und ihr folgen bis zum früheren Wehrturm, der zu den Wahrzeichen der Stadt zählt. Dort um die Ecke zur Singel.

**NIEUWE ZIDE STRECKE: ETWA 3,5 KM
DAUER: 6–7 STD. START: CENTRAAL STATION**

RAADHUIS STRAAT
PALESSTRAAT
Koninklijk Paleis
5
Dam 3
Nationaal Monument
DAMSTRAAT
NES
ROKIN
KALVERSTRAAT
SINT LUCIENSTEEG
VOORBURGWAL
NIEUWEZIJDS
Amsterdam Museum
6
GEDEMPTE BEGIJNENSLOOT
Begijnhof 7
SPUI
SPUI
KALVERSTRAAT
VOETBOOGSTR.
HEILIGEWEG
SINGEL
Singel
OUDE TURFMARKT
Rokin
ROKIN
NES
Amstel
AMSTEL
MUNT- PLEIN
Munttoren 8
Bloemenmarkt 9

GUT **ESSEN**

■ **BLUE°**

Zu fairen Preisen bietet das coole Café Sandwiches, Suppen, Salate, Snacks. Im dritten Stock eines unkonventionellen Baus aus Stahl und Glas gelegen, bietet es einen Rundumblick über die Stadt. **Singel 457, 1012 WP, Tel. 020 427 3901, €€**

■ **DE BIJENKORF KITCHEN**

Das moderne Restaurant im Kantinenstil befindet sich in der obersten Etage eines Kaufhauses mit Blick über den Dam. Verschiedenste warme und kalte Speisen. **Dam 1, 1012 JS, Tel. 0800 0818, €€**

■ **DE DRIE GRAEFJES**

Hübsches älteres Café mit kleinen Imbissen, Sandwiches und leckeren Törtchen. **Eggertstraat 1, 1012 NN, Tel. 020 626 6787, €€**

Centraal Station

1 Der zentrale Knotenpunkt des Amsterdamer Verkehrsnetzes ist zugleich eines der größten Gebäude der Stadt. Dessen parallel zum Ufer des IJ nach Norden ausgerichteter Verlauf sorgte seinerzeit für Kontroversen, da durch den Bau der Stadtkern vom alten Hafen abgeschnitten wurde, dem eine wichtige Funktion für den niederländischen Handel zukam. Das gewaltige Backsteingebäude ist ein Symbol für den Reichtum Amsterdams im späten 19. Jahrhundert Entworfen von dem Architekten P. J. H. Cuypers und errichtet zwischen 1881 und 1898, steht das Bauwerk wegen des feuchten Untergrundes auf mehr als 8000 Holzpfählen. Wie das **Rijksmuseum** (siehe S. 158–161)– Cuypers' anderem architektonischen Meisterwerk – ist es durch den Neorenaissance-Stil gekennzeichnet und weist nur wenige gotische Elemente auf. Die emporragenden Türme und die geschnitzten Verzierungen tragen zur überwältigenden Wirkung des Gebäudes bei. Zudem spiegeln die Eisenkonstruktionen am Dach, von denen sich eine über ganze 45 Meter erstreckt, die hohe Baukunst des Industriezeitalters wider. Vom hinteren Teil des Bahnhofes gelangt man mit jeder der fünf Fähren über den IJ in den Norden der Stadt.

Stationsplein, 1012 AB • Tram: 1, 2, 4, 5, 9, 13, 16, 17, 24, 25, 26

Beurs van Berlage

2 Der riesige Komplex nimmt fast ein Drittel der gesamten Länge der Damrak ein, die die **Centraal Station** mit dem **Dam** (siehe S. 50–51) verbindet. Das zwischen 1896 und 1903 aus roten Ziegeln, Stahl und Glas errichtete Bauwerk – einst Standort der Börse – nahm mit seinem auffallenden funktionalistischen Design großen Einfluss auf die moderne Architektur. Deshalb wurde das Gebäude nach seinem Architekten Hendrik Petrus Berlage benannt, der als Vater der für das moderne Bauen wegweisenden Amsterdamer Schule gilt. An einem Ende der imposanten Ziegelfassade steht der Uhrenturm. Beachtenswert sind dessen Inschriften: *Duur uw uur* (»Erwarte deine Stunde«) und *Beidt uw tyd* (»Warte auf deine Zeit«) – vielleicht eine leise Kritik des Sozialisten Berlage an der kapitalistischen Nutzung seines Bauwerks? Im Herzen des Gebäudes liegt der riesige mehrstöckige Saal mit Galerien und einem Glasdach; wo früher Waren gehandelt wurden, finden heute Ausstellungen und Konzerte statt. Wer will, kann an einer 90-minütigen Führung teilnehmen *(Sa. 10.30 Uhr, €€€€)*, die auch eine Erfrischung im **Beurs van Berlage Café** und einen Aufstieg auf den 40 Meter hohen Turm sowie einen fantastischen Blick über Amsterdam umfasst.

Damrak 243, 1012 ZJ • www.beursvanberlage.nl • Tel. 020 530 4141 • Metro: Centraal Station • Tram: 4, 9, 16, 24, 25

Eines der zahlreichen Jugendstilfriese an den Wänden des Cafés im Beurs van Berlage.

NIEUWE ZIJDE

Was dem Dam an ästhetischem Glanz fehlt, macht er durch Straßenkunst wieder wett.

Dam

3 Amsterdams größter Platz war – wie der Name verrät – zur Zeit der Stadtgründung Teil eines an der Amstel erbauten Damms. Wie einst der Fluss die Stadt teilte, teilt heute die **Damrak** den Platz in zwei Teile. Anders als bei vielen anderen großen Plätzen in europäischen Städten fehlt dem Dam ein einheitliches architektonisches Konzept, sodass ihn ein buntes Sammelsurium an Baustilen kennzeichnet. An seiner westlichen Seite steht der imposante **Koninklijk Paleis** (siehe S. 52–53) und ihm gegenüber die **Nieuwe Kerk** (siehe S. 51).

Am östlichen Ende des Platzes befindet sich das **Nationaal Monument,** ein beliebter Treffpunkt. Der 1956 aus weißem Travertin errichtete Obelisk erinnert an die niederländischen Opfer des Zweiten Weltkriegs und bildet den Mittelpunkt ringförmig abfallender Terrassenstufen, die von zwei Löwen flankiert werden. Die Skulpturen des Monuments stellen vier Männer, eine Frau mit einem Kind sowie zwei Männer mit Hunden dar, die Krieg, Frieden und Widerstand symbolisieren. Zu den auffälligen Großbauten am Dam zählen auch die Kaufhäuser De Bijenkorf sowie Peek & Cloppenburg. In Letzterem befindet sich das Wachsfigurenkabinett **Madame Tussauds,** in dem sowohl nationale als auch internationale Berühmtheiten wie die frühere Königin Beatrix, Supermodel Doutzen Kroes, Albert Einstein, Johnny Depp und der Dalai Lama in Wachs zu sehen sind. *(www.madametussauds.com/amsterdam, 020 522 1010, €€€€€, geschlossen am Königstag).*

Kreuzung Damstraat und Damrak • Metro: Centraal Station • Tram: 1, 2, 4, 5, 9, 16, 24, 25

Nieuwe Kerk

4 Die Kirche dominiert die nordwestliche Ecke des **Dam**. Die Arbeiten an dem zu Ehren der Heiligen Katharina und der Heiligen Maria errichteten Bauwerk begannen im frühen 15. Jahrhundert, da die **Oude Kerk** (Alte Kirche; siehe S. 71–72) angesichts der wachsenden Bevölkerung Amsterdams nicht mehr als Versammlungsort für alle Gläubigen ausreichte. Durch Brände in den Jahren 1452 und 1645 erlitt das Gebäude starke Beschädigungen. Auch nach dem Wiederaufbau im gotischen Stil, der das heutige Erscheinungsbild bestimmt, wurde die Kirche im Laufe der Jahre mehrfach umgebaut und renoviert. Heute dient sie in erster Linie als Veranstaltungsort für Konzerte und Ausstellungen. Innen sind vor allem die Hauptorgel, die Kanzel und die Chorschranke sehenswert, aber auch die Gräber, in denen niederländische Seehelden beigesetzt sind, und einige der Fenster. Wer das Eintrittsgeld sparen will, begibt sich am besten auf die Galerie über dem Museumsladen: Von dort aus hat man den besten Überblick über den Innenraum.

Die 1645 in Auftrag gegebene Hauptorgel der Nieuwe Kerk war das gemeinsame Werk von einigen der bedeutendsten Orgelbauern, die zu jener Zeit in Amsterdam lebten.

Dam, 1001 AE • www.nieuwekerk.nl • Tel. 020 638 6909 • €€€–€€€€ • geschlossen: 1. Jan. und 25. Dez. • Metro: Centraal Station • Tram: 1, 2, 4, 5, 9, 16, 24, 25

NIEUWE ZIJDE

Koninklijk Paleis

5 Das imposanteste Gebäude am **Dam** ist der Koninklijk Paleis, der vom König als einer von drei Palästen bei öffentlichen Anlässen genutzt wird. Diese Funktion erhielt das zwischen 1648 und 1665 errichtete Gebäude allerdings erst zu Beginn des 19. Jahrhunderts. Nach dem Untergang der Batavischen Republik im Jahr 1806 setzte Napoleon Bonaparte seinen Bruder Louis als König ein, der in dem bisherigen Rathaus ab 1808 residierte.

Als der Architekt Jacob van Campen auf dem Höhepunkt des Goldenen Zeitalters mit der Bauplanung beauftragt wurde, sollte er an nichts sparen, sondern ein Symbol des Amsterdamer Reichtums erschaffen, das den zeitgenössischen Stand der Technik und der Kunst widerspiegelte. Das riesige Bauwerk ruht auf 13 659 Holzpfählen, die es vor dem Versinken bewahren. Die Fassade aus Sandstein und die strengen Proportionen kennzeichnen das äußere Erscheinungsbild des klassizistischen Prachtbaus. Blickt man nach oben, sieht man auf der Kuppel eine Wetterfahne in Form einer hol-

Besucher bei einer Führung durch den Königspalast im imposanten Bürgersaal.

ländischen Kogge – das Symbol der Stadt. Beinahe noch eindrucksvoller als die Vorderseite ist die von einer imposanten Atlas-Staue gekrönte rückseitige Fassade. Eine Führung durch die Zimmer und Säle des Schlosses offenbart die verschwenderische Ausstattung mit Marmordekor, Uhren, Lüstern, Gemälden und Empire-Möbeln, die Louis Napoleon auf seiner Flucht ins Exil zurückließ. Das Prunkstück des gesamten Gebäudes ist der 40 Meter lange **Burgerzaal** (Bürgersaal), dessen Boden in Form von zwei Karten die östliche und westliche Hemisphäre darstellt, um Amsterdams damalige koloniale Macht zu illustrieren. Über den Palast verteilt, findet man Skulpturen des flämischen Bildhauers Artus Quellinus, die zum Teil drastische Einblicke in die damalige Zeit geben: So ist vor dem Eingang zum Gerichtssaal Justitia zu sehen, zu deren Füßen rechts der als Skelett dargestellte Tod ruht, während links von ihr einem Verurteilten die Beine zerschmettert werden.

Dam, 1001 AM • www.paleisamsterdam.nl • Tel. 020 620 4060 • €€€ • Metro: Centraal Station • Tram: 1, 2, 4, 5, 9, 16, 24, 25

Amsterdam Museum

6 Siehe S. 56–59.

Kalverstraat 92, 1012 PH | Sint Luciënsteeg 27, 1012 PM • www.amsterdammuseum.nl • Tel. 020 523 1822 • €€–€€€ • geschlossen 1. Jan. 27. April (Königstag) und 25. Dez. • Tram: 1, 2, 4, 5, 9, 14, 16, 24, 25

Begijnhof

7 Die Amsterdamer Wohnanlage der Beginen ist noch heute eine Oase der Ruhe im ansonsten hektischen Stadtzentrum. Gegründet wurde

Diese Statue im Begijnhof erinnert an die Frauen, die hier einst lebten. Noch heute werden die Gebäude ausschließlich von Frauen bewohnt.

sie – wie auch in anderen Teilen der Niederlande und Flanderns – gegen Ende des Mittelalters als klosterähnliche Gemeinschaft für verwitwete und alleinstehende Frauen, die fromme Katholikinnen waren und sich vor allem der Armenpflege widmeten. Der Amsterdamer Beginenhof überstand die Zeit der Reformation und existierte noch bis 1971, als die letzte Begine, Schwester Antonia, verstarb.

Durch den niedrigen Torbogen des Gedempte Begijnensloot gelangt man in einen Teil des Hofes mit makellosen Rasenflächen. Dort blickt man auf ursprünglich mittelalterliche Häuser, deren Fassaden und Giebel allerdings aus dem 17. und 18. Jahrhundert stammen. Am südlichen Ende des Hofes befinden sich die drei interessantesten Gebäude: **Het Houten Huys** wurde 1425 erbaut und ist das älteste Holzhaus der Stadt. Gegenüber steht **De Engelse Kerk** aus dem 14. Jahrhundert. Zur »Englischen Kirche« wurde sie, als die ursprüngliche Beginhofkapelle im Zuge der Reformation geschlossen und den Presbyterianern überlassen wurde. Da die Calvinisten den Beginen fortan die öffentliche Ausübung ihrer Gottesdienste untersagten, bauten sie eine **Schuilkerk**, eine geheime Schlupfkirche, die an das Holzhaus angrenzt. In ihr findet sich eine Darstellung des Mirakels von Amsterdam im Jahre 1345: ein Ereignis, dem jedes Jahr Mitte März mit einer Schweigeprozession durch die Straßen der Stadt gedacht wird (*Stille Omgang*).

Nieuwezijds Voorburgwal 373, 1012 RM • www.begijnhof amsterdam.nl • Tel. 020 622 1918 • Tram: 1, 2, 4, 5, 9, 16, 24, 25

Munttoren

8 Mit seinem Standort am Muntplein, wo die Singel in die Amstel fließt, steht der Munttoren (Münzturm) – eins der bekanntesten Wahrzeichen Amster-

Das Glockenspiel im Munttoren wurde 1668 eingebaut, aber die meisten der ursprünglichen Glocken sind ausgetauscht.

NIEUWE ZIJDE

dams. Mit dem Bau des Turms wurde 1480 begonnen. Zunächst bildete er in der mittelalterlichen Wehrmauer einen Teil des Stadttores Regulierspoort, das 1618 durch ein Feuer zerstört wurde. Nur die untere Hälfte des Turms und das Wachhaus blieben erhalten. Seinen Namen erhielt das Bauwerk, weil in ihm Ende des 17. Jahrhunderts Münzen geprägt wurden. Erst nach dem Brand erhielt der Turmstumpf die von Hendrick de Keyser entworfene Spitze im Stil des Barock sowie die Uhr mit vier Zifferblättern und das Carillon mit 38 Glocken. Sie erklingen alle 15 Minuten, an Wochenenden als Livekonzert *(Sa. 14–15 Uhr).*

Muntplein, 1012 WR • Tram: 4, 9, 14, 16, 24, 25

Bloemenmarkt

9 Der 1862 gegründete Blumenmarkt nimmt für sich in Anspruch, weltweit der einzige schwimmende zu sein. Vom Muntplein bis zum Koningsplein reihen sich die Verkaufsstände bis ins Herz der Stadt. Hier gibt es nicht nur Schnittblumen oder Blumenzwiebeln, sondern auch seltene Gewächse wie schwarze Tulpen. Bevor Blumenfreunde einkaufen, sollten sie sich über Einfuhrbeschränkungen in ihr Heimatland informieren und von den Händlern beraten lassen. Auch Souvenirs wie niederländische Holzschuhe werden auf dem Markt angeboten.

Singel, zwischen Muntplein und Koningsplein • Tram: 4, 9, 14, 16, 24, 25

Amsterdams schwimmender Blumenmarkt bietet jeden Tag in der Woche ein Farbenmeer aus saisonalen Pflanzen.

Amsterdam Museum

Die in einem ehemaligen Waisenhaus untergebrachten Exponate erzählen die wechselvolle Geschichte Amsterdams.

Die den Innenhof umschließenden Museumsgebäude dienten 300 Jahre lang als Waisenhaus.

Auf anregende Weise vermittelt das Amsterdam Museum einen lebendigen Einblick in den Werdegang der niederländischen Hauptstadt vom einstigen Fischerdorf zur heutigen Metropole. Die Museumsgebäude aus dem 17. Jahrhundert, die zunächst ein Waisenhaus beherbergten, tragen viel zur geschichtsträchtigen Atmosphäre bei. Neben der Dauerpräsentation historischer Exponate werden auch ständig Sonderausstellungen geboten – zum Goldenen Zeitalter ebenso wie über die Fußballlegende Johan Cruyff.

■ SCHUTTERSGALERIJ

Einer der Wege ins Museum führt
durch die »Schützengalerie« – eine
frei zugängliche Passage zwischen
der Kalverstraat und dem **Begijnhof**
(siehe S. 53–54). Dort hängen aus
dem 17. Jahrhundert stammende
Gruppenporträts der Schützengilde,
deren Mitglieder seinerzeit in der
Stadt für Recht und Ordnung sorgten
und auch auf Rembrandts *Nachtwache*
zu sehen sind. Als Erstes zieht eine
riesige Holzstatue mit beweglichem
Kopf und rollenden Augen die Aufmerksamkeit auf sich. Sie wirkt auf
den ersten Blick wie eine Jahrmarkts-
dekoration unserer Tage, tatsächlich aber wurde sie
1650 für den heute
nicht mehr existierenden
Oude Doolhof, einen
öffentlichen Erholungs-
park in Form eines Laby-
rinths, angefertigt. Un-
gewöhnlich ist auch
ein großes Gemälde,
das Mattheus Ignatius
van Bree um 1812 schuf.
Es zeigt Louis-Napoleon,
den jüngeren Bruder
von Napoleon Bonaparte,
bei seiner Ankunft zu
Pferde in Amsterdam.
Als das Land unter fran-
zösischer Herrschaft stand, war er
zwischen 1806 und 1810 König der
Niederlande.

■ AMSTERDAM IM WANDEL DER
JAHRHUNDERTE

Die Ausstellung im Museum selbst ist
chronologisch aufgebaut: Im Erdgeschoss wird vor allem die frühe Be-
siedelung des heutigen Stadtgebietes
zwischen dem 10. und 12. Jahrhundert sowie der Aufstieg zur Handels-
metropole in der Zeit zwischen 1350
und 1550 thematisiert. Beim Weg
durch die Exponate sollte man auch
einen Blick auf die **älteste noch exis-
tierende Karte von Amsterdam** aus
dem Jahr 1538 werfen. Auf ihr erkennt man die Oude Kerk (siehe
S. 71–72) und den Damm, der
die Amstel auf Höhe des
nach ihm benannten
Platzes staute (siehe
S. 50–51). Man sieht
auch, dass der Dam-
rak – die Verbindungs-
straße zwischen der
Centraal Station und
dem Dam – damals
noch ein Kanal war.
Zudem vermittelt die

**Die Statue in der
Shuttersgalerij stellt den
biblischen Goliath dar.**

Karte einen Überblick über die mittelalterlichen und zum Teil noch intakten Verteidigungsanlagen der Stadt.

Teils noch im Parterre, teils im ersten Stock widmet sich ein großer Teil des Museums dem 17. Jahrhundert und dem Goldenen Zeitalter der Niederlande, als der Handel mit dem Fernen Osten Amsterdam Reichtum und Macht bescherte. Eine große Karte zeigt die Länder, aus denen die niederländischen Händler damals Gewürze importierten. Auf einem Globus aus dem Jahr 1640 bilden Neuguinea und Australien eine Einheit, so glaubten die damaligen Kartografen. Ein *Winterliches Eisvergnügen* auf dem 1621 zugefrorenen Fluss IJ ist auf dem Bild des auch unter dem

PLAN B

Haben Sie Kinder dabei? Ihnen bietet »Het Kleine Weeshuis« (»Das kleine Waisenhaus«) etwas Besonderes. Dort wird (in Niederländisch oder Englisch) auf kindgerechte Weise ein authentischer Einblick in das Leben in einem Waisenhaus im 17. Jahrhundert vermittelt. Für den Zugang in diesen Bereich bekommt man am Eingang ein Armband, das zudem akustische und visuelle Info-Präsentationen der Ausstellung aktiviert. Beenden kann man den Besuch mit einem Eis im Museumscafé, dessen Terrasse auch erholsame Ruhe bietet.

Namen Cabel bekannten Malers Arent Arentsz *(IJsvermaak op het IJ voor Amsterdam)* zu sehen, und das 1685 entstandene Gemälde *De bocht van de Herengracht te Amsterdam* von Gerrit Adriaenszoon Berckheyde liefert eine Ansicht des sogenannten Goldenen Bogens der Herengracht (siehe S. 137) – schon damals der teuerste Abschnitt der Gracht, in dem gerade eindrucksvolle Häuser errichtet worden waren, wie das Bild anschaulich illustriert.

Es ist durchaus reizvoll, auf dem Weg von einem in den nächsten Ausstellungssaal die alten Stadtansichten mit Amsterdams heutigem Erscheinungsbild zu vergleichen. So bietet das Bild *De Gouden Leeuw voor Amsterdam,* das der gefeierte Marinemaler Willem van de Velde der Jüngere 1686 malte, ein außergewöhnliches Panorama des Amsterdamer Hafens, vor dem das damals größte Kriegsschiff der Niederlande, der *Goldene Löwe,* vor Anker liegt. Im rechten Teil des Gemäldes sieht man hinter den Segelschiffen die Wehrtürme **Schreierstoren** und **Montelbaanstoren** (siehe S. 72–73).

Weiter im ersten Stock und hinauf in den zweiten kann der Besucher die weitere Entwicklung Amsterdams von 1815 bis zum heutigen Tag erkunden.

Großartig ist die Sammlung niederländischer Porträts aus dem 17. Jahrhundert.

Zu den Exponaten zählen u. a. technische Erfindungen der letzten zwei Jahrhunderte und Informationen über kulturelle Entwicklungen wie dem Aufkommen der Coffeeshops und Homosexuellenbars.

■ AMSTERDAM DNA
In diesem interaktiven Bereich des Museums treffen 1000 Jahre Stadtgeschichte auf die moderne Technik des 21. Jahrhunderts. Jeder Besucher erhält eine Broschüre mit seiner »persönlichen DNA« und aktiviert mit ihr bei einem Rundgang an Scannern Filme (auch auf Deutsch) zu Themen wie Religion, Freiheit, Toleranz, Sklaverei oder Zweiter Weltkrieg. Wer es sich in der Wirklichkeit nicht traut, kann hier in einem Simulator durch Amsterdam radeln. Andernorts kann man mit einer Winde eine Pferdefigur aus einer Gracht hieven – ein Schicksal, das im Kutschenzeitalter vielen Amsterdamer Pferden widerfuhr.

Kalverstraat 92, 1012 PH | Sint Luciënsteeg 27, 1012 PM • www.amsterdammuseum.nl • Tel. 020 523 1822 • €€–€€€ • geschlossen 1. Jan., 27. April (Königstag) und 25. Dez. • Tram: 1, 2, 4, 5, 9, 14, 16, 24, 25

Unterwegs auf zwei Rädern

Radfahren ist für jeden Niederländer eine Selbstverständlichkeit und Amsterdam eine Stadt, in der diese umweltfreundliche Fortbewegungsart eine feste Größe des Nahverkehrs bildet. Hier gibt es mehr Fahrräder (rund 880 000) als Einwohner (rund 780 000). Auf dem fast 400 Kilometer langen Netz an Radwegen, die sich durch die Stadt winden, legen die Amsterdamer Tag für Tag zwei Millionen Kilometer Wegstrecke zurück.

Da in Amsterdam Parkplätze rar und Parkgebühren hoch sind, ziehen viele das Rad dem Auto vor (oben). Fahrradständer findet man überall in der Stadt (rechts).

Vorsicht Radfahrer

Die Niederländer bewegen sich meist recht (nach-)lässig auf ihren Rädern: Hier kurvt ein Mann im Anzug durch den Verkehr, während er in einer Hand einen Regenschirm über den Kopf hält; da lässt sich eine Studentin auf dem Gepäckträger von ihrem Freund chauffieren, und dort saust eine Mutter mit zwei kleinen Kindern in Sitzen, die vorn und hinten auf das Rad montiert sind, vorbei. Nur wenige tragen Helme, die gesetzlich nicht vorgeschrieben sind. Auch sonst muss man feststellen, dass Radfahren und verkehrssicheres Verhalten in Amsterdam nicht unbedingt Hand in Hand gehen. Nur dank einer umfangreichen Kampagne (und drohender Bußgelder) fahren die meisten Amsterdamer nachts mittlerweile mit Licht am Rad. Doch viele ignorieren rote Ampeln und kreuzen Straßen auf lebensgefährliche Weise. Als Tourist lernt man schnell, dass man besser nicht auf Radwegen geht oder steht, da man sonst mit wütendem Klingeln oder Kraftausdrücken verscheucht wird. Also gilt – Vorsicht Radfahrer!

Fahrradvermietung

Die auffälligen roten Mieträder von **MacBike** *(www.macbike.nl)* sind in der Stadt allgegenwärtig, mit Rücktritt- oder Handbremse und auch als Kinderräder, Lastenfahrräder, E-Bikes oder Tandems ausleihbar. Günstig gelegene Vermietstationen gibt es u. a. an der Centraal Station, am Waterlooplein und am Leidseplein. Erhältlich sind zudem Karten mit themenorientierten Routenvorschlägen – z. B. unter dem Motto Kunst, Architektur, Grachten und Brücken oder Rembrandt. Eine weniger kommerziell ausgerichtete Alternative findet sich nahe der Centraal Station: **Star Bikes Rental** *(www.starbikesrental.com)*. Der von einem gebürtigen Australier betriebene Laden vermietet traditionelle Hollandräder, die auch mit speziellen Picknickkörben bestückt werden können. Landestypische und weniger auffällige Räder verleiht auch **Bike City** *(www.bikecity.nl)* im Jordaan-Viertel.

NIEUWE ZIJDE

Skurriles und Ausgefallenes

Wie jede Großstadt dieser Welt hat auch Amsterdam zum Teil sonderbare Dinge zu bieten, die es nur dort gibt. Manchmal läuft man direkt an ihnen vorbei, ohne sie überhaupt zu bemerken. Dann wieder muss man genau wissen, wonach und an welchen Orten man suchen muss.

NIEUWE ZIJDE

■ 1E KLAS

Die **Centraal Station** (siehe S. 48) im Stadtviertel Nieuwe Zijde verbirgt ein Geheimnis: Auf Bahnsteig 2B gibt es das piekfeine Café-Restaurant **1e Klas** (*Stationsplein 15, 1012 AB, www. restaurant1eklas.nl, Tel. 020 625 0131, €€–€€€*). In dem ehemaligen Wartesaal für Fahrgäste der ersten Klasse wird der Gast inmitten prunkvoller Jugendstilelemente von eleganten Kellnern bedient und fühlt sich in die Hochzeit luxuriöser Bahnreisen zurückversetzt. Exotisch wirkt auch Kakadu Elvis, der würdevoll auf dem Thresen des Lokals auf und ab stolziert.

■ STREET ART

Der Besucher kann buchstäblich über eine Hand stolpern, die inmitten des Kopfsteinpflasters auf dem Oudekerksplein im Stadtviertel Oude Zijde eine Frauenbrust berührt. Oder man trifft in der Nähe des Jordaan-Viertels an der Ecke Marnixstraat und Tweede Hugo de Grootstraat auf einen Mann ohne Kopf, der mit einem Geigenkasten davonhastet. Bei genauem Hinsehen entdeckt man in einem der Bäume der Leidsebosje-Grünanlage die Statue eines Mannes, der an einem Ast sägt. All dies sind in den 1980er-Jahren installierte Werke eines anonymen Künstlers, der 1991 – unter der Bedingung, weiterhin unerkannt zu bleiben – für das Rathaus am Waterlooplein eine Auftragsarbeit übernahm: einen Geiger, der von unten den Fußboden durchbricht! Sehenswert sind auch die Graffitis der Amsterdamer Künstlergruppierungen Laser 3.14 oder The London Police sowie die genialen, aus Packpapier gefertigten Kunstwerke von Max Zorn, die einige Straßenlaternen verzieren.

■ KATZENBOOT

Am Singel im nördlichen Grachtengürtel liegt an der Anlegestelle 38G ein

Das Werk eines anonymen Künstlers verbirgt sich im Kopfsteinpflaster auf dem Oudekerksplein.

Hausboot mit sonderbaren Bewohnern. Das auf Privatinitiative betriebene **Poezenboot** *(Singel 38G, 1015 AB, www.poezenboot.nl, Tel. 020 625 8794, geöffnet tgl. außer Mi/So 13–15 Uhr)* ist ein Zufluchtsort für streunende und ausgesetzte Katzen, die auf Besuch, Spenden und Spielzeug warten.

■ Wassertaxi

Viele Besucher Amsterdams wissen nicht, dass man ein Watertaxi *(www.water-taxi.nl, Tel. 020 535 6363)* mieten kann. Es gibt kaum etwas Schöneres, als sich mit dem eigenen Boot durch die Grachten schippern und irgendwo absetzen zu lassen. Die Fahrt kostet kaum mehr als mit einem normalen Taxi. Man kann die leuchtend gelben Boote heranwinken oder telefonisch ordern.

■ Flughafenbibliothek

Schiphol ist der weltweit erste Flughafen mit eigener Bibliothek *(www.airportlibrary.nl)*. Sie befindet sich auf dem Holland Boulevard neben der Filiale der Rijksmuseum-Galerie. Hat der Flieger Verspätung, kann man sich hier mit 1000 niederländischen Büchern, die in 30 Sprachen übersetzt wurden, oder mit Filmen über niederländische Kunst – dargeboten auf bibliothekseigenen iPads – die Zeit vertreiben.

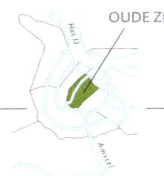
Oude Zijde

Oude Zijde bedeutet »Alte Seite« und bezeichnet den ältesten Teil der Stadt. Die beiden Hauptkanäle des Viertels – der Oudezijds Voorburgwal (wörtlich: »vor der Stadtmauer«) und der Oudezijds Achterburgwal (»hinter der Stadtmauer«), wurden gegen Ende des 14. Jahrhunderts ausgehoben, als das Gebiet aus sumpfigem Morast bestand und die Flüsse über ihre Ufer traten. Bereits seit Jahrhunderten gibt es am nördlichen Ende der beiden parallel verlaufenden Kanäle ein Rotlichtviertel.

Den Mittelpunkt dieses neon-erleuchteten Herzens der Amsterdamer Altstadt und ihrer engen Gassen bildet die Oude Kerk. Das altehrwürdige Kirchengebäude bildet einen kurios anmutenden Kontrast zu den sündig roten Fenstern ringsum. Lässt man die grellen Lichter und Ladys hinter sich, gelangt man nach Chinatown und in das ehemalige Seemannsviertel am Zeedijk. Weiter nach Süden werden die Straßen immer ruhiger und weniger exotisch und führen schließlich ins Universitätsviertel.

66 **Stadtviertel-Tour**

76 **Im Detail: Ons' Lieve Heer op Solder**

78 **Typisch Amsterdam: Sex & Drogen**

82 **Best of: Theater & Konzerte**

◐ Die Türme der St. Nicolaaskerk ragen aus der Altstadt empor. Die größte katholische Kirche Amsterdams wurde gegen Ende des 19. Jahrhunderts erbaut.

OUDE ZIJDE

Oude Zijde

*Das bizarre Rotlichtviertel und die alten Wehranlagen zählen
zu den Highlights dieser Tour durch Amsterdams historische Altstadt.*

❶ Zeedijk

(siehe S. 68) Entlang der mittelalterlichen Stadtmauern geht es von der Central Station über den Zeedijk zum Nieuwmarkt.

❷ De Waag

(siehe S. 68–69) Die Stadtwaage aus dem 15. Jahrhundert lohnt einen Besuch. Vom Nieuwmarkt weiter am Kloveniersburgwal.

❸ Jacob Hooy & Co.

(siehe S. 69–70) In diesem Traditionsgeschäft unbedingt Lakritz einkaufen, bevor die Tour zum Oudezijds Achterburgwal und dann nach Norden in das Rotlichtviertel führt.

❹ Rotlichtviertel

(siehe S. 70) Durch die engen Gassen des Viertels zum Oudezijds Voorburgwal, bis die Oude Kerk in Sicht kommt. Zu Ehren der Prostituierten wurde auf dem Kirchplatz die Statue der Belle errichtet.

❺ Oude Kerk

(siehe S. 71–72) Nach der Besichtigung von Amsterdams ältester Kirche zurück zum Oudezijds Voorburgwal und dann nach Norden.

❻ Museum Ons' Lieve Heer op Solder

(siehe S. 76–77) Am Oudezijds Voorburgwal Nr. 40 steht Amsterdams zweitältestes Museum. Der Dachboden des 1888 errichteten Gebäudes diente 200 Jahre lang als katholische Kirche. Nach dem Besuch nach Norden zurück zum Zeedijk und weiter zur Gracht Oudezijds Kolk.

Museum Ons' Lieve
Heer op Solder

Oude
Kerk

0 | 150 Meter
0 | 150 yards

Centraal Station

De Schreierstoren

Rotlicht-
viertel

Zeedijk

De Waag

7 De Schreierstoren

(siehe S. 72) Nach einer Erholungspause im Café in dem ehemaligen Wehrturm schlendert man weiter über die pittoreske Straße Kromme Waal zur Oude Waal.

8 Montelbaanstoren

(siehe S. 73) Hat man auch diesen von Rembrandt gezeichneten Wehrturm gesehen, folgt man der Gracht zur Zuiderkerk.

9 Zuiderkerk

(siehe S. 74) Den Kirchturm besteigen und den herrlichen Ausblick genießen, dann nach Süden entlang der Gracht Zwanenburgwal. Nach rechts in die Staalstraat und links in die Doelenstraat zum Allard Pierson Museum.

10 Allard Pierson Museum

(siehe S. 75) Zum Abschluss der Tour sind im archäologischen Museum Mumien und Artefakte früherer Zivilisationen zu sehen.

8 Montelbaanstoren
Oudeschans
BOOMSSLOOT
KORTE KONINGS STR.
Krom Boomsloot
OUDESCHANS
KONINGS STRAAT
KEIZERS STRAAT
DIJK STRAAT
Nieuwmarkt
NIEUWMARKT
SINT ANTONIESBREE STRAAT
3 Jacob Hooy & Co.
KOESTRAAT
OUDE HOOGSTRAAT
ACHTERBURGWAL
Achterburgwal
Voorburgwal
Oudezijds
Oudezijds
NES
PIJLSTEEG
DAM STRAAT
PIETER JACOBSZ STR.
NES
OUDEZIJDS VOORBURGWAL
GRIMBURGWAL
Grimburgwal
Allard Pierson Museum
OUDE TURFMARKT
Rokin
ROKIN
ROKIN
KALVERSTRAAT
NIEUWE DOELENSTRAAT
SPINHUISSTEEG
RUSLAND
KLOVENIERSBURGWAL
RAAMGRACHT
ZANDSTRAAT
ZUIDERKERKHOF
9 Zuiderkerk
NIEUWE HOOGSTRAAT
ZWANENBURGWAL
OUDEZIJDS VOORBURGWAL

Zeedijk

1 Der Zeedijk verbindet den Prins Hendrikkade (Prinz-Hendrik-Kai) mit dem **Nieuwmarkt** (Neumarkt). Der im 13. Jahrhundert errichtete Deich sollte die Stadt vor Überflutungen schützen: Wie man von der Brücke über die Gracht **Oudezijds Kolk** aus sehen kann, liegen die übrigen Straßen tiefer. Hier war einst das berüchtigte Seemannsviertel, das Jacques Brel in seinem Lied *Port d'Amsterdam* besang. Einige der alten Lagerhäuser am Zeedijk wurden so gebaut, dass sie an einer Seite schräg nach vorn geneigt sind, damit die Waren beim Hochhieven in die höheren Etagen nicht in die niedrigeren krachten. Das Haus mit der Adresse Zeedijk 1 ist eines der wenigen der Stadt, das noch über eine Holzfassade verfügt, denn nach den verheerenden Bränden von 1421 und 1452 wurde der Bau von Holzhäusern verboten. Das frühere Seemannsheim beherbergt heute das **Café In 't Aepjen** (*Tel. 020 428 8291, €*): eine sehenswerte Bar, deren Name und Ausstattung daran erinnern, dass Seeleute hier früher ihre Zechen mit Äffchen beglichen, die sie von ihren Reisen mitbrachten und deren Fell voller Flöhe war. Je näher man dem Nieuwmarkt kommt, desto häufiger sieht man zweisprachige Straßenschilder und chinesische Geschäfte, während asiatische Gewürze die Luft schwängern. Unter den historischen Gebäuden auf beiden Seiten der Straße fällt hier in Amsterdams **Chinatown** vor allem der buddhistische Tempel **Fo Guang Shan He Hua** (*Zeedijk 108–116*) ins Auge.

www.zeedijk.nl • Metro: Centraal Station oder Nieuwmarkt • Tram: 4, 9, 16, 24, 25

De Waag

2 Die an ein Märchenschloss erinnernde Stadtwaage dominiert mit ihren zahlreichen Türmen den Nieuwmarkt, der im 17. Jahrhundert als Marktplatz diente. Die Errichtung des Gebäudes geht auf das Jahr 1456 zurück. Damals diente es unter dem Namen Sint Antoniespoort als Stadttor in der einstigen Befestigungsmauer. Diese wurde 1601 niedergerissen, und sechs Jahre später nutzte man das mittlerweile vergrößerte Gebäude als Waage. In den Folgejahren

Hinter den Wochenmarktständen am Nieuwmarkt ragen die Türme der Stadtwaage empor.

ließen sich in den oberen Etagen Handwerksgilden nieder, zu denen u. a. die Maler, Schmiede, Steinmetze und Chirurgen zählten. Jede Gilde hatte ihren eigenen, durch ein heute noch sichtbares Relief gekennzeichneten Eingang. Im 1691 erbauten Mittelteil befand sich der Anatomiesaal, in dem vor Studenten und sonstigem Publikum Leichen seziert wurden. Ab 1812 herrschte daran kein Mangel, denn dann wurde die erste Guillotine der Niederlande vor der Waage aufgestellt – ein Relikt der Napoleonischen Zeit von 1806 bis 1810, als das Land unter französischer Herrschaft stand.

Nieuwmarkt 4, 1012 CR • Metro: Nieuwmarkt • Tram: 4, 9, 16, 24, 25

Jacob Hooy & Co.

3 Trotz der jüngsten Renovierungsarbeiten führt der Besuch dieses bemerkenswerten Ladens in der Nähe des Nieuwmarkt in die Vergangenheit, denn hier wird seit 1743 mit Kräutern, Tee und Gewürzen gehandelt. Auf der einen Seite stehen in den Regalen wie

GUT **ESSEN**

■ **BIRD**
Köstliche thailändische Speisen, für die es anzustehen lohnt. Oder man geht in die dazu gehörige Snackbar gegenüber (Zeedijk 77). **Zeedijk 74, 1012 BA, Tel. 020 620 1442, €€**

■ **CAFÉ LATEI**
Im Café voller Kitsch und Trödel bekommt man ein Frühstück und Mittagsgerichte, die zu den gesündesten der Stadt zählen. **Zeedijk 143, 1012 AW, Tel. 020 625 7485, €**

■ **DE BAKKERSWINKEL**
Das hübsche Café bietet herzhafte Sandwiches, Quiches, Kuchen – und zum Frühstück auch Rührei mit Speck. **Warmoesstraat 69, 1012 JB, Tel. 020 489 8000, €**

eh und je deckenhoch die originalen Holzfässer, deren lateinische Aufschrift den jeweiligen Inhalt angibt. Zudem hat sich das Geschäft auf Süßigkeiten und salziges Lakritz spezialisiert. Darüber hinaus kann man neben Kräuterteemischungen auch aromatische Shampoos, Seifen sowie Vitaminpräparate kaufen.

Kloveniersburgwal 12, 1012 CT • www.jacob-hooy.nl • Tel. 020 624 3041 • geschlossen: So. • Metro: Nieuwmarkt • Tram: 4, 9, 16, 24, 25

Rotlichtviertel

4 Sobald man das berühmteste Rotlichtviertel der Welt betreten hat und der Hauptstraße – dem **Oudezijds Achterburgwal** – folgt, ist man von rot erleuchteten Fenstern umgeben, die von Sexshops, Sexclubs und ganz normalen Bars flankiert werden. Zwar kann man sich hier inmitten der Touristen tags wie nachts recht sicher bewegen, sollte aber trotzdem auf seine Sachen achten. Zu den Sehenswürdigkeiten des Viertels zählte der **Trompettersteeg,** die schmalste Gasse Amsterdams. Im **Erotic Museum** (*Oudezijds Achterburgwal 54, www. erotisch-museum.nl, €€*) kann man sich über die Geschichte der Erotik informieren. Zu den Exponaten zählen u. a. freizügige Zeichnungen von John Lennon, auf denen er z. B. sein für den Weltfrieden veranstaltetes »Bett-Happening« mit Yoko Ono darstellte, das sich 1969 im Amsterdamer Hilton über eine Woche hinzog. Angesichts des zweifelhaften Rufs, den das Viertel im Ausland genießt, hat die Amsterdamer Stadtverwaltung Maßnahmen zum Kampf gegen die dort grassierende Kriminalität ergriffen. So bemühen sich die Verantwortlichen im Rahmen des sogenannten Project 1012 seit Jahren darum, nahezu die Hälfte der Bordelle zu schließen und durch Restaurants, Boutiquen sowie Ausstellungsräume zu ersetzen.

Metro: Nieuwmarkt • Tram: 4, 9, 16, 24, 25

Oude Kerk

5 Die Oude Kerk (Alte Kirche), mit deren Bau im 13. Jahrhundert begonnen wurde, ist das älteste Gebäude der Stadt. Von außen erkennt man eine Mischung verschiedener Baustile, wobei gotische Elemente und der aus der Renaissance stammende Turm das Erscheinungsbild dominieren. Da die Kirche auf einem Friedhof errichtet wurde, besteht ihr unebener Boden vollständig aus Grabsteinen. Hier wurde auch Rembrandts Frau Saskia van Uylenburgh 1642 beigesetzt, der Maler selbst jedoch nur in einem Armengrab in der Westerkerk (siehe S. 111). Die mittelalterliche Dachkonstruktion aus Holz ist in Europa die größte ihrer Art.

Eine lateinische Inschrift über der roten Tür zur früheren Sakristei lautet übersetzt: »Heirate in Eile, bereue mit Muße.« Sehenswert sind auch die farbigen Fenster der Marienkapelle, auf denen der

Unter den 2500 Grabsteinen, die den Boden der Oude Kerk bilden, sollen rund 10 000 Menschen begraben liegen. Die ersten Beisetzungen sind auf das Jahr 1523 datiert, die letzten auf 1865.

Tod der Jungfrau Maria dargestellt ist, und die **Vater-Müller-Orgel.** Sie wurde von dem Hannoveraner Christian Vater zwischen 1724 und 1726 gebaut. Als sich der Kirchturm 1738 abzusenken begann, musste die Orgel demontiert und später von Johann Casper Müller restauriert werden. Heute dient die Kirche vor allem für kulturelle Veranstaltungen wie die hier alljährlich im Frühjahr stattfindende Ausstellung **World Press Photo.** Im Sommer genießt man vom Kirchturm aus einen eindrucksvollen Blick auf das bunte Treiben in den Straßen (*halbstündige Touren zwischen 13 und 17.30 Uhr, €€*).

Oudekerksplein 23, 1012 GX • www.oudekerk.nl • Tel. 020 625 8284 • geschlossen: 1. Jan., 27. April (Königstag) und 25. Dez. • Metro: Centraal Station oder Nieuwmarkt • Tram: 4, 9, 16, 24, 25

Ons' Lieve Heer op Solder

6 Siehe S. 76–77.

Oudezijds Voorburgwal 40, 1012 GX • www.opsolder.nl • Tel. 020 624 6604 • €€; Tickets inklusive Audiotour (s. Seite 77) • geschlossen: 1. Jan. und 27. April (Königstag) • Metro: Centraal Station oder Nieuwmarkt • Tram: 4, 9, 16, 24, 25

De Schreierstoren

7 Wie **De Waag** (siehe S. 68–69) und **De Montelbaanstoren** (siehe gegenüber) wurde De Schreierstoren als Teil der Stadtmauer errichtet. Es heißt, sein Name bedeute »Turm der Tränen«, weil hier die Frauen weinend Abschied von ihren zur See fahrenden Männern genommen hätten. Tatsächlich aber leitet sich der Name von dem niederländischen Wort *Scrayershoucktoren* ab, das den spitzwinkligen Bau des um 1487 errichteten Wehrturms bezeichnet. Berühmt wurde das Bauwerk, weil von hier aus der englische Kapitän Henry Hudson 1609 zu einer seiner Entdeckungsreisen in See stach und das Gebiet des heutigen New York erkundete, woran ein Gedenkstein links neben dem Eingang erinnert. Heute beherbergt der Wehrturm ein Café.

Prins Hendrikkade 94, 1012 AE • Metro: Centraal Station oder Nieuwmarkt • Tram: 1, 2, 4, 5, 9, 13, 16, 17, 24, 25

Montelbaanstoren

8 Der 1516 im Renaissancestil erbaute Montelbaanstoren (Montelbaan-Turm) steht an der breiten **Oudeschans**-Gracht (Alter Schutzwall), die ursprünglich einen Teil der Amsterdamer Wehranlagen bildete. Vom Turm aus hielten Soldaten Ausschau nach Angreifern, und hier sammelten sich im 17. Jahrhundert Seeleute, um mit Ruderbooten zu ihren Segelschiffen zu gelangen, mit denen sie zu fernen Ufern aufbrachen. Die dreistufige, weiße Spitze und die Uhr mit den vier identischen Zifferblättern wurde 1609 von dem Amsterdamer Architekten Hendrick de Keyser hinzugefügt, nachdem der Turm seine frühere Funktion verloren hatte. Sowohl Rembrandt, der in der Nähe wohnte, als auch der Landschaftsmaler Jacob van Ruisdael porträtierten den Turm in seiner ursprünglichen Gestalt – ohne die Spitze. Auch wenn heute Büros in ihm untergebracht sind, bleibt Montelbaanstoren eines der bekanntesten Wahrzeichen der Stadt.

Oudeschans 2, 1011 KX • Tel. 020 778 6120 • Metro: Nieuwmarkt oder Waterlooplein • Tram: 9, 14

Malle Jaap heißt so viel wie »verrückter Jakob«: Diesen Spitznamen erhielt Montelbaanstoren, weil die später eingebauten Uhren ungenau gingen.

Zuiderkerk

9 Sie beeindruckte den impressionistischen Maler Claude Monet derart, dass er sie um 1874 malte, und sie beeinflusste nachweislich den britischen Architekten Christopher Wren, als er die St.-Pauls-Kathedrale in London entwarf – die zwischen 1603 und 1611 im Renaissancestil errichtete Zuiderkerk (Südkirche). Erbaut wurde sie von dem Amsterdamer Architekten Hendrick de Keyser, der auch in ihr beigesetzt wurde. Heute dient die Kirche als Ausstellungsort. Von April bis September können Besucher ihren Turm besteigen und das Glockenspiel in Aktion bewundern *(halbstündige Besichtigungstouren von 13 bis 16:30 Uhr, So. geschlossen, €).* Der Aufstieg lohnt sich allein wegen der großartigen Aussicht über die Dächer Amsterdams. Doch Vorsicht: Je höher man steigt, desto schmaler und steiler werden die Stufen.

Zuiderkerkhof 72, 1011 WB • www.zuiderkerkamsterdam.nl • Tel. 020 308 0399 • Metro: Waterlooplein oder Nieuwmarkt • Tram: 9, 14

OUDE ZIJDE

Allard Pierson Museum

10 Mumifizierte Katzen und Fische zählen ebenso zu den Exponaten wie lebensgroße Sarkophage. Benannt wurde das zur Universität von Amsterdam gehörende archäologische Museum nach einem berühmten Kunsthistoriker, der hier von 1877 bis 1895 lehrte. Die Sammlung ist in erster Linie auf Wissenschaftler ausgerichtet und nur auf Niederländisch präsentiert. Dennoch werden Interessierte von den herausragenden Ausstellungsobjekten, die aus der Zeit zwischen 4000 v. Chr. bis 500 n. Chr. stammen, fasziniert sein. Sie dokumentieren das Leben der alten Ägypter und der Kulturen Vorderasiens, des antiken Griechenlands, Etruriens sowie des Römischen Reiches.

Oude Turfmarkt 127, 1012 GC • www.allardpiersonmuseum.nl • Tel. 020 525 2556 • geschlossen: Ostersonntag, 27. April (Königstag), Pfingstsonntag und 25. Dez. • Metro: Centraal Station • Tram: 4, 9, 16, 24, 25

Der Turm der Zuiderkerk erhebt sich majestätisch über die Gracht Kloveniersburgwal.

Ons' Lieve Heer op Solder

*Hinter der Fassade eines Kaufmannshauses
aus dem 17. Jahrhundert verbirgt sich ein Geheimnis.*

Der Salon des Hauses ist im klassizistischen Stil des 17. Jahrhunderts eingerichtet.

Das 1661 von Jan Hartman, einem deutschen Leinenhändler, erworbene Grachtenhaus am Oudezijds Voorburgwal gibt einen authentischen Einblick in das Leben zur Zeit der Auseinandersetzungen um Religionsfreiheit (siehe gegenüber): In der auf dem Dachboden versteckten Kirche wurden katholische Gottesdienste abgehalten, die in der Öffentlichkeit verboten waren. Sowohl die Schlupfkirche als auch die prunkvollen Räume des Kaufmannshauses aus dem Goldenen Zeitalter wurden wunderbar restauriert.

■ HAUS EINES KAUFMANNS

Die Audiotour vermittelt bereits auf dem Weg über die knarrenden Treppen in die schwach erhellten Räume Details über das Haus, das aus drei Einzelgebäuden besteht. Im Sael (Salon) ist alles symmetrisch angeordnet: von den Gemälden an den Wänden bis zur Scheintür als Gegenstück zur Eingangstür. Der Einrichtungsstil ist durch den niederländischen Klassizismus bestimmt. Ebenfalls typisch für die Zeit waren Schrankbetten, von denen eines im Wohnzimmer zu sehen ist. Dort hängt auch ein Gemälde des Landschaftsmalers Jacob van Ruisdael (1628–1682). Im Mittelteil des Hauses befindet sich die geheime **Wohnung des Priesters.** Durch sie gelangt man in den hinteren Teil des Gebäudes, wo sich eine Küche aus dem 17. Jahrhundert befindet, die mit Delfter Kacheln verfliest ist.

■ ONS' LIEVE HEER OP SOLDER

Den Höhepunkt des Museums bildet die Hauskirche, die sich über die drei Dachböden des Hauptgebäudes sowie der angrenzenden Gassenwohnungen erstreckt und unter dem Namen *Ons' Lieve Heer op Solder* (Unser lieber Herrgott auf dem Dachboden) bekannt ist.

GUT **ZU WISSEN**

Im Jahr 1578 wurde der katholische Stadtrat Amsterdams durch einen protestantischen ersetzt. Fortan konnten die Katholiken ihre Gottesdienste nicht mehr öffentlich, sondern nur noch in *Schuilkerken* (Schlupfkirchen) abhalten. Die zweite dieser in Amsterdam versteckten Kirchen befindet sich im **Begijnhof** (siehe S. 53–54).

Ursprünglich erbaute Jan Hartman sie für seinen Sohn. Doch 1671 vermietete er sie an die katholische Gemeinde, um dort Gottesdienste abzuhalten. Um die Kirche mit ihren zwei Emporen errichten zu können, mussten die ursprünglichen Dachbalken durchtrennt und durch Eisenkonstruktionen ersetzt werden. An der einen Seite ist der Raum mit einem Altar versehen, über dem die Kreidezeichnung *Die Taufe Christi im Jordan* von Jacob de Wit zu sehen ist, an der anderen mit einer großen Orgel, die 1794 angefertigt wurde. Hinter dem Hauptaltar befindet sich die **Marienkapelle**. Geht man die Treppe hinab, gelangt man zum **Beichtstuhl,** in dem Gläubige vom Priester Vergebung für ihre Sünden erhielten.

OUDE ZIJDE

Oudezijds Voorburgwal 40, 1012 GX • www.opsolder.nl • Tel. 020 624 6604 • €€; Eintritt einschließlich Audiotour • geschlossen: 1. Jan. und 27. April (Königstag) • Metro: Centraal Station oder Nieuwmarkt • Tram: 4, 9, 16, 24, 25

Sex & Drogen

Auch wenn man Amsterdam aus rein touristischem Interesse besucht, sollte man dem Rotlichtviertel »De Wallen« eine Stippvisite abstatten. Nachts, wenn sich das Neonlicht der Sexclubs und die rot erleuchteten Fenster in den Grachten spiegeln, versprüht die Gegend einen eigenwilligen Charme. Neben den umstrittenen Coffeeshops, in denen grammweise Marihuana verkauft wird, ist das Viertel zweifellos ein großer Besuchermagnet.

OUDE ZIJDE

Die engen Gassen des Rotlichtviertels werden von 200 rot erleuchteten Fenstern wie diesem flankiert, in denen Prostituierte sich und ihre Dienste anbieten (oben). Rechts: das Erotic Museum

Saubere Straßen

Seit Einführung des Sanierungskonzeptes (siehe S. 70) hat die Stadtverwaltung ein Drittel der Prostituiertenwohnungen und vor allem das berüchtigte Bordell Yab Yum geschlossen. Auch die Junkies sind aus dem Viertel (fast) verschwunden und viele Künstler hierhergezogen. Davon bemerken die meisten Besucher jedoch kaum etwas, denn das Geschäft mit dem Sex blüht nach wie vor.

Sexarbeiterinnen

In Amsterdam findet man keine Prostituierten, die nachts in einsamen Straßen stehen und zu Freiern ins Auto steigen. Stattdessen sitzen spärlich bekleidete Damen – und auch Transsexuelle – aller Nationalitäten und in allen Erscheinungsformen selbstbewusst in den erleuchteten Fenstern der Häuser aus dem 17. und 18. Jahrhundert. Diese Frauen achten aufeinander, zudem sorgen Überwachungskameras für ihre Sicherheit. Droht Gefahr, können die Prostituierten Alarm auslösen. In Amsterdam haben sie sogar eine eigene Gewerkschaft. Interessierte Besucher der Stadt können in einem Informationszentrum *(Enge Kerksteeg 3, www.pic-amsterdam.com)* mehr über das Leben der Sexarbeiterinnen erfahren oder am Samstagabend eine Führung (auf Englisch) durch das Viertel buchen *(17 Uhr, €€€€)* und dabei Souvenirs erstehen. Das älteste Gewerbe der Welt wurde in Amsterdam im Jahr 2000 legalisiert, sodass die selbstständigen Prostituierten auf ihr schwer verdientes Geld auch Steuern zahlen müssen.

Wer durch das Viertel schlendert, sollte darauf achten, den Frauen Respekt zu erweisen und keine Fotos zu machen (sonst könnte die Kamera in einer der Grachten landen). Will man auf eine Aufnahme der roten Fenster nicht verzichten, empfiehlt sich unbedingt diskretes Vorgehen.

FILM **EMPFEHLUNG**

Einen authentischen Einblick in das Leben im Rotlichtviertel bietet der bittersüße Dokumentarfilm **Meet the Fokkens** (2011). Er zeigt die 69-jährigen eineiigen Zwillinge Louise und Martine Fokkens, die bekanntesten Prostituierten Amsterdams, in ihrem Alltag, wie sie sich an den Zweiten Weltkrieg erinnern und sie sich der Malerei zugewandt haben.

OUDE ZIJDE

Cannabis-Konsum

Grundsätzlich ist es auch in Amsterdam nicht erlaubt, Cannabis zu kaufen oder zu rauchen. Als Folge der liberalen Haltung der Niederlande zum Umgang mit Drogen toleriert die Polizei es jedoch, wenn über 18-Jährige einen Joint rauchen oder Cannabis erwerben, sofern diese Menge weniger als fünf Gramm beträgt. 2008 sorgte es sogar für scharfe Auseinandersetzungen, als hohe Polizeibeamte forderten, dass Polizisten auch in ihrer Freizeit kein Haschisch rauchen dürften. Vor allem konservative Politiker sind nicht froh über den Drogentourismus, auch wenn dieser dem niederländischen Staat jährlich 400 Millionen Euro an Steuereinnahmen beschert. 2012 wollte die Regierung zunächst im Süden des Landes eine Regelung durchsetzen, die nur Niederländern den Besuch der sogenannten Coffeeshops erlaubte, das Vorhaben wurde jedoch bald wieder gekippt. Schon als 2008 landesweit ein absolutes Rauchverbot in Bars und Restaurants ausgesprochen wurde und Amsterdams 220 Coffeeshops gezwungen waren, in ihren ohnehin bescheidenen Räumlichkeiten luftdicht abgeschlossene Raucherzimmer einzurichten, sorgte dies auf dem gesamten Globus für eine Schockwelle. Doch es dauerte nicht lange, bis sich auch dieses Gesetz in Rauch auflöste und Amsterdams rebellische Pot-Raucher sich wieder ohne Furcht vor gesetzlichen Repressalien ihre Joints drehten.

Coffeeshops

Es gibt einen großen Unterschied zwischen den normalen Amsterdamer Cafés und Coffeeshops. In den erstgenannten, meist in dunklem Holz eingerichteten Bruinen Cafés werden in entspannter Atmosphäre Tee, Kaffee, alkoholische Getränke und Snacks serviert. Die nicht weniger gastlichen Coffeeshops bieten auch weiche Drogen an, ohne hierfür allerdings Werbung machen zu dürfen. Deshalb kann es durchaus geschehen, dass man ahnungslos einen Coffeeshop betritt und ihn für ein normales Café hält. Der Geruch von Rauch und Kräutern kann ein wichtiger Hinweis sein. Hier kann man ebenfalls Kaffee, Tee oder Softdrinks bestellen. Darüber hinaus gibt es meist eine Karte, auf der verschiedene Sorten von Haschisch und Marihuana aufgeführt sind, die grammweise oder als fertig gerollte Joints verkauft werden.

Wer mehr über die Geschichte und die medizinische Verwendung von Cannabis erfahren möchte und aus Hanf gefertigte Sportschuhe von Nike und Adidas sehen will, besucht für mehr Informationen das **Hash Marihuana & Hemp Museum** *(Oudezijds Achterburgwal 148, 1012 DV, www.hashmuseum.com, Tel. 020 624 8926, €€€).*

Besucher des Hash Marihuana & Hemp Museum finden die weltweit größte Sammlung an Artefakten zur Geschichte des Anbaus und des Gebrauchs von Cannabis vor (oben). Im Headshop gibt es Utensilien für den Gebrauch weicher Drogen (links).

Theater und Konzerte

Ob anspruchsvolles Schauspiel, weltberühmtes Ballett oder angesagte Underground Clubs – Amsterdam bietet ein breites und oft avantgardistisches Kulturprogramm. Traditionsreiche Bühnen und ganzjährig stattfindende Livekonzerte bieten für jeden Geschmack und Geldbeutel etwas Passendes.

■ Nes

Amsterdams von Theatern flankierte Straße Nes ist nur einen Katzensprung vom Rotlichtviertel entfernt. Zu den Attraktionen zählen das belgische Kulturzentrum **De Brakke Grond** (*Nes 45, www.brakkegrond.nl, €€€*) und das **Comedy Theater** (*Nes 110,*

www.comedytheater.nl, €€€). In beiden finden regelmäßig englischsprachige Aufführungen statt.

Nes, 1012 KD • Tram: 4, 9, 14, 16, 24

■ Het Muziektheater

Im Herzen des Jodenbuurt-Viertels bieten die Ensembles der Niederländi-

Im Concertgebouw finden jedes Jahr bis zu 900 Konzerte statt.

schen Oper und des Nationalballetts ganzjährig herausragende Darbietungen. Zu den glanzvollen Bühnenprogrammen zählten ein Konzert der isländischen Sängerin Björk und die Aufführung einer Oper des chinesischen Komponisten Tan Dun.

Waterlooplein 22, 1011 PG • www.het-muziektheater.nl • Tel. 020 625 5455 • €€€€ • Metro: Waterlooplein • Tram: 9, 14

■ SUGAR FACTORY

Langweilige Nächte gibt es bei dem bunten Programm dieses Clubs im südlichen Grachtengürtel nicht. An einem Abend folgt auf eine Travestie-show eine Jazz-Party, am nächsten eine Hip-Hop-Night, oder eine Musikgruppe stellt ihr neues Album vor.

Lijnbaansgracht 238, 1017 PH • www.sugar factory.nl • Tel. 020 627 0008 • €€–€€€€ • geschlossen: Mo.–Mi. • Tram: 1, 2, 5, 6, 7, 10

■ STADSSCHOUWBURG

»Einfach fantastisch«, lautete Cate Blanchetts Urteil über die Arbeit von Ivo van Hove, dem künstlerischen Leiter der Toneelgroep Amsterdam, die als landesweit größte Sprechtheater-kompanie im südlichen Grachtengürtel in der Stadsschouwburg beheimatet ist.

Leidseplein 16, 1017 PT • www.ssba.nl • 020 624 2311 • €€€€ • Tram: 1, 2, 5, 6, 7, 10

■ MELKWEG

Das in einer ehemaligen Molkerei untergebrachte Kulturzentrum verfügt über ein Kino, ein Theater, eine Foto-galerie und zwei Konzerthallen, in denen alles von Pop über Punk bis Post-Rock geboten wird. Während er hier auf seinen Auftritt wartete, verfasste Chris Martin von Coldplay seinen Song *Amsterdam* (2002). 2009 wurde eine weitere Veranstaltungshalle erbaut, die das Kulturzentrum mit der angrenzenden **Stadsschouwburg** (siehe links) verbindet.

Lijnbaansgracht 234a, 1017 PH • www.melkweg.nl • Tel. 020 531 8181 • €€€ • Tram: 1, 2, 5, 6, 7, 10

■ CONCERTGEBOUW

Eine außergewöhnliche Akustik und Auftritte erstklassiger Dirigenten und Orchester kennzeichnen diesen 1888 im Museumsviertel eröffneten und weltweit renommierten Musentempel (siehe S. 151–153). Wer seinen Zauber erleben will, kann zusammen mit begeisterten Amsterdamer Musiklieb-habern jeden Mittwoch (bis auf Juli und August) kostenlos ein Mittags-konzert besuchen. Der Eintritt für Abendveranstaltungen schließt das eine oder andere Glas Wein mit ein.

Concertgebouwplein 10, 1071 LN • www.concertgebouw.nl • Tel. 0900 671 8345 • €€€€€ • Tram: 2, 3, 5, 12, 16, 24

OUDE ZIJDE

Jodenbuurt, Plantage & Oosterdok

Das ehemalige Judenviertel Jodenbuurt umschließt den Waterlooplein. Hier ließen sich um 1600 die ersten jüdischen Flüchtlinge nieder. An die einstige Enklave erinnern die Jodenbreestraat, beeindruckende Synagogen aus dem 17. Jahrhundert und der Flohmarkt auf dem Waterlooplein, der auf den jüdischen Straßenhandel zurückgeht. Wohlhabendere Bürger zogen ins angrenzende Plantage-Viertel mit seinen Parks, dem Zoo, botanischen Gärten und altem Baumbestand. Weiter im Norden folgt Oosterdok (Östliches Dock): ein Viertel, in dem Seefahrtsgeschichte auf modernes urbanes Leben trifft.

86 Stadtviertel-Tour

96 Im Detail:
Museum het
Rembrandthuis

98 Typisch Amsterdam:
Die Besatzungszeit

102 Best of:
Straßenmärkte

❶ In Osterdook liegt in Originalgröße der Nachbau eines Frachters der Niederländischen Ostindien-Kompanie. Das mit Wein und Silber beladene Schiff sank 1749.

Jodenbuurt, Plantage & Oosterdok

Die abwechslungsreiche Tour führt hinein in die Geschichte der Amsterdamer Juden, die Seefahrtstradition der Stadt sowie deren Flora und Fauna.

❶ Museum het Rembrandthuis

(siehe S. 96–97) Nach einem Besuch des Ateliers, in dem Rembrandt sein Hauptwerk *Die Nachtwache* malte, geht es durch die kleine Passage zur Rechten auf den Flohmarkt am Waterlooplein.

❷ Waterloopleinmarkt

(siehe S. 88, 102) Auf dem Flohmarkt ein Schnäppchen erjagen, an der St.-Antonius-Kirche mit den weißen Türmen die Straße überqueren und weiter zur Weesperstraat. Dort in die erste Gasse rechts abbiegen.

❽ Het Scheepvaartmuseum

(siehe S. 94–95) 500 Jahre Seefahrtsgeschichte in einem Gebäude aus dem 17. Jahrhundert. Nach dem Rundgang geht es an Bord eines in Originalgröße nachgebauten Frachtseglers aus dem 18. Jahrhundert.

Amsterdam

Oosterdok

Het
❽ Scheepvaartmuseum

KATTENBURGER-
PLEIN

Kattenburgergracht

GROTE WITTENBURGER STRAAT

KLEINE WITTENBURGER STRAAT

WITTENBURGER-
GRACHT

Nieuwevaart

NIEUWEVAART

VALKENBURGER STRAAT

RAPENBURGER
PLEIN

ANNE

Rapen- burgwal

OOSTERDOKSKADE

Oosterdok

Centraal
Station

PRINS HENDRIKKADE

NIEUWE

UILENBURGERSTRAAT

SINT
ANTONIESLUIS

Museum het Rembrandthuis ①

Waterloopleinmarkt ②

Joods Historisch Museum ③

Hortus Botanicus ④

Hollandsche Schouwburg ⑤

Verzetsmuseum ⑥

Artis Zoo ⑦

JODENBUURT

PLANTAGE

OOSTENBURGERGRACHT

HOOGTE KADIJK

LAAGTE KADIJK

Entrepotdok

FRANK-STR

HENRI POLAKLAAN

PLANTAGE KERKLAAN

MIDDENLAAN

PLANTAGE MUIDERGRACHT

Plantage Muidergracht

WERTHEIM-PARK

NIEUWE HERENGRACHT

Nieuwe Herengracht

JONAS DANIËL MEIJERPLEIN

HORTUS PLANTSOEN

JODENBREE-STR

MR. VISSERPLEIN

WATERLOO-PLEIN

Waterlooplein

BLAUW-BRUG

Amstel

Zwanen-burgwal

0   200 Meter
0   200 yards

③ **Joods Historisch Museum**
(siehe S. 88–89) Eintauchen in jüdische Geschichte, dann über die Straße zur Portugiesischen Synagoge. Vom Jonas Daniël Meijerplein am Wasser links abbiegen und über die Brücke zur Plantage Middenlaan.

④ **Hortus Botanicus** (siehe S. 90–91) Erholung tanken in einem der ältesten botanischen Gärten der Welt, bevor es weiter die Straße entlang zum Haus Nr. 24 geht und dort in den Park gegenüber zum Auschwitzmonument.

⑤ **Hollandsche Schouwburg**
(siehe S. 91–92) Von hier aus wurden die meisten Amsterdamer Juden in die Konzentrationslager deportiert. Über die Straße, um die Gedenktafel zu lesen, dann links die Plantage Kerklaan hinunter.

⑥ **Verzetsmuseum**
(siehe S. 92–93) Die Präsentationen des Museums vermitteln einen Eindruck vom Leben der Amsterdamer während der Besatzungszeit im Zweiten Weltkrieg. Über die Straße geht es weiter in den Zoo.

⑦ **Artis Zoo**
(siehe S. 93–94) Passend zu den Fütterungszeiten der Löwen kommen und die Riesenschildkröten streicheln. Anschließend hinter der Brücke links abbiegen und der Gracht bis zum Kadijksplein folgen, an dessen anderem Ende das Schifffahrtsmuseum in Sicht kommt.

**JODENBUURT, PLANTAGE & OOSTERDOK   STRECKE: ETWA 2 KM
DAUER: ETWA 8 STD.   START: WATERLOOPLEIN**

JODENBUURT, PLANTAGE & OOSTERDOK

Museum het Rembrandthuis

1 Siehe S. 96–97.

Jodenbreestraat 4, 1011 NK • www.rembrandthuis.nl • Tel. 020 520 0400 • €€€ • geschlossen: 1. Jan., 27. April (Königstag) und 25. Dez. • Metro: Waterlooplein oder Nieuwmarkt • Tram: 9, 14

GUT **ZU WISSEN**

Am besten ist es, gegen 16 Uhr zum Waterloopleinmarkt zurückzukehren. Denn wenn die Händler langsam ihre Stände abbauen, lassen sich tolle Schnäppchen ergattern.

Waterloopleinmarkt

2 Die farbenfrohen Marktstände entlang des Amstelkanals bilden den Auftakt zum weltberühmten Flohmarkt, der seinen Namen nach dem Platz trägt, auf dem er stattfindet – dem **Waterlooplein.** Seit 1893 und bis zur Zeit der deutschen Besatzung befand sich hier ein jüdischer Markt. Nach dem Zweiten Weltkrieg entwickelte sich der Handel neu und erreichte seinen Höhepunkt in den Hippiejahren der 1960er und 70er (siehe S. 102).

Waterlooplein, 1011 NV • www.waterloopleinmarkt.nl • geschlossen: So. • Metro: Waterlooplein or Nieuwmarkt • Tram: 9, 14

Joods Historisch Museum

3 Das Jüdisch-Historische Museum ist in einem Areal aus vier ehemaligen Synagogen untergebracht. Die kostenlose Audiotour führt den Besucher, den blauen Hinweisschildern folgend, durch das labyrinthartige Museum zur **Grote Synagoge** (Große Synagoge) – der ältesten der vier aus dem Jahr 1671. Hier beginnt die Dauerausstellung mit Thorarollen, den siebenarmigen Menorah-Leuchtern sowie Filmen zu traditionellen jüdischen Bräuchen und zur Religion. In einem kleinen Nebenraum ist eine Mikwe zu sehen: ein rituelles Tauchbad, das zwischen 1671 und 1823 in Gebrauch war. Zurück in der Synagoge, geht es über die Wendeltreppe zum oberen Stockwerk, das sich den vier Jahrhunderten nach 1600 widmet, als sich die ersten Juden im toleranten Amsterdam ansiedelten. Die Ausstellung in der angrenzenden **Nieuwe Synagoge** (Neue Synagoge) vermittelt mit Exponaten, Interviews, Fotos und Dokumenten einen Eindruck vom jüdischen Leben in den Niederlanden vor, während und nach dem Zweiten Weltkrieg. Das Filmmaterial umfasst Aufnahmen aus den Jahren 1930 bis 1935: u. a. aus dem Tuschinski-Theater, einem jüdischen Kulturzentrum, sowie von der Zerstörung des Westerbork-Durchgangslagers, wo die Juden auf ihren Weitertransport nach Auschwitz, Sobibór, Theresienstadt oder Bergen-Belsen warteten. Das Museum zeigt zudem regelmäßig Sonderausstellungen, und im Kindermuseum wird das Alltagsleben einer jüdischen Familie im heuten Amsterdam interaktiv illustriert. In den Eintrittspreis eingeschlossen ist der Besuch der vis-á-vis gelegenen Portugiesischen Synagoge aus dem 17. Jahrhundert.

Nieuwe Amstelstraat 1, 1011 PL • www.jhm.nl • Tel. 020 531 0310 • €€–€€€ • geschlossen: 27. April (Königstag), Rosch ha-Schana und Jom Kippur • Metro: Waterlooplein • Tram: 9, 14

Sand bedeckt den Boden der Portugiesischen Synagoge. Er soll Lärm und Schmutz absorbieren.

Hortus Botanicus

4 Beim Betreten eines der ältesten botanischen Gärten der Welt stellt sich sogleich ein Wohlgefühl ein. Obwohl relativ klein, gibt es in diesem grünen Herz Amsterdams allerlei zu entdecken. Vom Stadtrat 1638 nach einer Epidemie als medizinischer Kräutergarten eingerichtet, wuchs er dank der Schiffe der Niederländischen Ostinien-Kompanie, die Kräuter, Gewürze und exotische Pflanzen mitbrachten, in den folgenden 160 Jahren stetig weiter. 1906 brachten die Segler Kaffeesamen aus Jakarta mit, die im Gewächshaus kultiviert wurden. Die daraus entstandenen Pflanzen wurden nach Mittel- und Südamerika exportiert, wo sie den Beginn des dortigen Kaffeeanbaus einläuteten.

Am Eingang ist ein Übersichtsplan erhältlich. Der erste Haltepunkt ist bei der **Orangerie:** ehemals Winterlager für die Zitruspflanzen, später Vortragssaal und heute ein Café mit wunderbarer Terrasse – ein echter Geheimtipp. Im sich anschließenden Drei-Klimazonen-Haus fühlt man sich auf dem Hochweg durch die heiße subtropische und die feucht-warme tropische Pflanzenwelt, als sei man mitten

Geschwungene Beete und Teiche lenken die Besucher von der urbanen Umgebung ab.

im Dschungel. Danach schließt sich die warme und trockene Wüstensektion mit einer Vielfalt an Kakteen an. Auf einem idyllischen Gartenweg geht es zum viktorianischen Palmenhaus aus dem Jahr 1912, das einen mehr als 300 Jahre alten Riesen-Palmfarn aus der südafrikanischen Ostkap-Provinz beherbergt. Danach betritt man das 1896 erbaute Schmetterlingshaus, umflattert von frei fliegenden Faltern. Mit etwas Glück wird man sogar Augenzeuge, wie gerade eine Puppe schlüpft. Sonntags wird eine einstündige kostenlose Führung durch den Garten und die Gewächshäuser angeboten (14 Uhr, nur auf Niederländisch).

Plantage Middenlaan 2a, 1018 DD • www.dehortus.nl • Tel. 020 625 9021 • €€ • geschlossen: 1. Jan. und 25. Dez. • Metro: Waterlooplein • Tram: 9, 14

Hollandsche Schouwburg

⑤ In dem neoklassizistischen Gebäude eröffnete 1892 das damals größte und bedeutendste Theater der Stadt. Während der deutschen Besatzungszeit wurde es als Deportationszentrum für Juden missbraucht. Mit Gewalt hierher verschleppt und registriert, wurden Kinder von ihren Eltern getrennt und in ein Heim auf der anderen Straßenseite (Plantage Middenlaan 31) gebracht, während die verängstigten Eltern ihres grausamen Schicksals harrten. Kinder, die nicht das Glück hatten, hinausgeschmuggelt zu werden (siehe S. 100–101), landeten ebenfalls in Konzentrationslagern. Heute ist nur wenig von dem zerstörten Theater erhalten, aber die Fassade und das Marmorportal verraten viel von dessen einstiger Grandeur. Heute dient das Haus als Gedenkstätte und informiert mit Fotos, Videos und Exponaten über die Judenverfolgung zwischen 1940 und 1945. Ein kleiner Bereich ist der Theatervergangenheit des Gebäudes gewidmet. Man beachte die Fotografie von Lydia van Nobelen-

GUT **ESSEN**

■ BURGERMEESTER
Trendiger Treffpunkt gegenüber dem Artis Zoo. Burger aus regionalen und saisonalen Zutaten. Unbedingt den Burger des Monats kosten. **Plantage Kerklaan 37, 1018 CV, Tel. 0900 287 4377 (nur aus NL), €**

■ LA PLACE BIEB
Das Selbstbedienungsrestaurant in der siebten Etage der Zentralbibliothek Amsterdams bietet Gesundes: Suppen, Salate, Ciabatte, aber auch Steinofenpizza und Wok-Gerichte. Tolle Aussicht. **Oosterdokskade 143, 1011 DL, Tel. 020 523 0870, €€**

■ TIS FRIS
Farbenfrohes Café mit toller Terrasse an der Brücke beim Rembrandthuis und dem Waterlooplein. **Sint Antoniesbreestraat 142, 1011 HB, Tel. 020 622 0472, €**

HINTERGRUND

Am 25. März 1943 beschrieb der jüdische Häftling Willie Alexander in seinem Kriegstagebuch die Zustände im hastig dafür eingerichteten Deportationszentrum: »Man hat 1300 Menschen in die Hollandsche Schouwburg hineingepfercht. Es ist so heiß und stickig (und übelriechend!) hier, dass die Menschen um Wasser betteln, um ihren Durst zu stillen. Nur alte Frauen und wenige andere haben Matratzen zum Schlafen. Für 1300 Personen gibt es nur zwei Herren- und drei Damentoiletten.«

Riezouw, die hinter dem Theater wohnte und Schallplatten für die Gefangenen auflegte, wenn diese im Hof Freigang hatten. Unter ihnen war ihre jüdische Freundin Greetje Vellemanns, die Lydia zum letzten Mal sah, als sie die Aufnahme machte. Im Treppenhaus hängen Familienfotos, die jüdisches Leben vor, während und nach dem Zweiten Weltkrieg zeigen. Auf der Namenwand im Erdgeschoss stehen 6700 Namen, stellvertretend für die 104 000 niederländischen Juden, die Opfer des Holocausts wurden. Am Boden brennt eine ewige Flamme (siehe S. 100). Vom Innenhof – dem ehemaligen Auditorium – und anderen Teilen ist wenig erhalten, aber die Vergangenheit des Gebäudes ist spürbar. An der Rückseite befindet sich eine auf einem Davidstern stehende Gedenksäule, hinter der in die Wand eingraviert steht: Ter herinnering aan hen die van hier werden weggevoerd (In Erinnerung an die Menschen, die von hier verschleppt wurden).

Plantage Middenlaan 24, 1018 DE • www.hollandscheschouwburg.nl • Tel. 020 531 0340 • geschlossen: 27. April (Königstag), Rosch ha-Schana und Jom Kippur • Metro: Waterlooplein • Tram: 9, 14

Verzetsmuseum

6 Das Museum, das über den antifaschistischen Widerstand der Niederländer informiert, befindet sich in einem Gebäude mit einem Davidstern an der Fassade. Urprünglich war es um 1875 von der Amsterdamer Jüdischen Gemeinde für einen Chor erbaut worden. Es ist kaum zu glauben, dass dieses eindrucksvolle Haus später als Taxi-Garage genutzt wurde und – welche Ironie – von den deutschen Besatzern gegen Ende des Zweiten Weltkrieges als Parkplatz für ihre Fahrzeuge. Das Museum vermittelt einen Eindruck vom Leben der Niederländer in dieser Zeit. Die chronologisch angelegte Ausstellung beginnt mit der Situation der Niederlande in den 1930er-

Jahren, widmet sich dann der fünfjährigen Besatzungszeit ab Mai 1940 sowie der Befreiung im Mai 1945 durch die Alliierten und abschließend den Nachkriegsjahren. Ein weiterer Ausstellungsbereich befasst sich mit der Besetzung der ehemaligen Kolonie Niederländisch-Ostindien (dem späteren Indonesien) durch die Japaner von 1941 bis 1942 und dem dort ausgeübten Terror. Nicht verpassen: die Geschichte des Hundes mit dem Namen Wolf.

Die interaktive Dauerausstellung mit den vom Besucher bedienbaren Touchscreens und Hörsequenzen sowie beweglichen Schubfächern und Gucklöchern macht Geschichte lebendig erfahrbar. Die meisten Erläuterungen gibt es auch auf Englisch, die Audiotour ist kostenlos. Ebenso informativ wie bedrückend sind die Filmaufnahmen vom Angriff Hitlers auf Rotterdam, wodurch das zuvor politisch neutrale Land ins Kriegsgeschehen hineingerissen wurde, die Original-Rundfunksendungen aus der Kriegszeit sowie der Pass eines Studenten, der die Identität einer Frau annehmen musste, um zu überleben. Im Jahr 2013 eröffnete auf dem Gelände ein eigenes Kindermuseum.

Plantage Kerklaan 61, 1018 CX • www.verzetsmuseum.org • Tel. 020 620 2535 • €€ • geschlossen: 1. Jan., 27. April (Königstag) und 25. Dez. • Metro: Waterlooplein • Tram: 9, 14

Artis Zoo

7 Mit seinen zahlreichen historischen Gebäuden und Monumenten aus dem Jahr 1838, in dem der Zoo gegründet wurde,

Ein Mandrill-Affe im Artis Zoo. In dem 1838 gegründeten Park leben 900 Tierarten.

GUT **ZU WISSEN**

Obwohl bereits 1838 eröffnet, war der Artis Zoo zunächst nur Mitgliedern des Gründungsvereins zugänglich. Auch ab 1851 öffnete er jeweils nur im September seine Tore für die Öffentlichkeit. Bis heute gibt es im September eine Reduktion des Eintrittpreises um 25 Prozent.

ist er viel mehr als nur ein Tierpark. Zudem steht am Schimpansengehege eine uralte Eiche, die etwa 1760 gepflanzt wurde. Im Artis Zoo starb im Jahr 1883 das letzte Exemplar der Tierart Quagga aus, nachdem es hier 16 Jahre gelebt hatte. Da das Quagga einem Zebra sehr ähnlich sah, realisierte man damals erst gar nicht, dass es sich um eine sehr seltene Unterart gehandelt hatte.

Selbst weniger ausgeprägten Tierfreunden wird es im Artis Zoo gefallen. Die traditionellen viktorianischen Tierkäfige mit Eisengittern wurden – außer bei den Raubkatzen und Gorillas – durch niedrige Zäune, Mauern oder Gräben ersetzt, so dass man sich wie in einem kleinen Wildpark fühlt. Mit mehr als 900 Tierarten – von Elefanten über Giraffen, Gorillas und seltenen Arten wie der Macleay-Stabheuschrecke, dem Zwergseidenaffen oder der Höhleneule, hier im Zoo als »vergessene Tiere« bezeichnet – bietet dieser Ort ein Abenteuer für Augen und Ohren, zuweilen auch für die Nase. Ein Übersichtsplan hilft dabei, sich in dem labyrinthartig angelegten Gelände zurechtzufinden. Zur Stärkung laden Cafés und Picknickplätze ein. Zudem bietet der Zoo ein Aquarium, ein Schmetterlingshaus, ein Insektarium und ein Planetarium.

Plantage Kerklaan 38–40, 1018 CZ • www.artis.nl • Tel. 0900 2784796 (nur aus NL) • €€€–€€€€ • Metro: Waterlooplein • Tram: 9, 14

Het Scheepvaartmuseum

8 Bevor man das Nationale Schifffahrtsmuseum betritt, sollte man dem historischen Gebäude, in dem es untergebracht ist, Aufmerksamkeit schenken. 1656 erbaut, diente es der Amsterdamer Admiralität als Arsenal für Kanonen, Segel, Flaggen und andere maritime Ausstattungsgegenstände. Interaktive Ausstellungsbereiche informieren über 500 Jahre Schifffahrtsgeschichte. Unter den zahlreichen Modellen, Schiffen und anderen maritimen Requisiten befinden sich einige Highlights. Hierzu gehört das lebensgroße Modell eines Wals als Teil einer spannenden Präsentation zur Jagd auf die Meeresriesen. Man kann in den Wal hineingehen, seinen Herzschlag hören und seine Haut berühren. Ein 20 Meter breites Modell des Amsterdamer Hafens informiert über den Alltag im viertgrößten Hafen Europas. Auch den Nachbau der *Amsterdam*, die neben dem Museum vor Anker liegt, sollte man sich nicht entgehen lassen. Das im 18. Jahrhundert erbaute Handelsschiff sank auf seiner Jungfernfahrt vor der Küste Englands in einem Sturm. Unter Deck kann man die Kombüse, die Kapitänskajüte und die engen Unterkünfte der Matrosen besichtigen – ein lebendiger Eindruck vom Leben auf einem Schiff während des Goldenen Zeitalters der Niederlande.

Kattenburgerplein 1, 1018 KK • www.hetscheepvaartmuseum.nl • Tel. 020 523 2222 • €€€ • geschlossen: 1. Jan., 27. April (Königstag) und 25. Dez. • Metro: Centraal Station • Tram: 1, 2, 4, 5, 9, 13, 16, 17, 24, 25

Das Schifffahrtsmuseum befindet sich auf einer der künstlich angelegten Oosterdok-Inseln.

Museum het Rembrandthuis

*In Rembrandts Wohnhaus aus dem 17. Jahrhundert kann man seine
Radierungen bewundern und erfährt vom Ruin des großen Meisters.*

Die Dauerausstellung zeigt Bilder des 17. Jahrhunderts, die in Amsterdam gemalt wurden.

Im Jahr 1606, dem Geburtsjahr Rembrandt van Rijns, wurde das hübsche
Haus erbaut, in dem der Künstler von 1639 bis 1658 lebte, bevor er es
wegen seines Bankrotts verlassen musste. Dank der für die Versteigerung
angelegten Inventurliste der Möbel und Haushaltsgegenstände sowie der
Zeichnungen Rembrandts konnte die Einrichtung rekonstruiert werden.
Das Museum (mit einer empfehlenswerten kostenlosen Audiotour) informiert sowohl über den Künstler als auch das Leben in den Niederlanden
im 17. Jahrhundert.

■ WER WAR REMBRANDT?

Am Museumseingang informiert ein Kurzfilm über das Leben Rembrandts – sein Schicksal, seine Romanzen, seine persönlichen Tragödien.

■ WOHNEN IM 17. JAHRHUNDERT

Das Museum präsentiert eine Sammlung von Rembrandt-Radierungen und -Drucken sowie Gemälde von Zeitgenossen. Es lohnt sich, auch die Einrichtung genauer in den Blick zu nehmen, z. B. die kurzen Betten. Die abergläubischen Niederländer schliefen zur damaligen Zeit im Sitzen, da sie das Liegen mit dem Tod assoziierten. Auch der Kamin im ersten Raum, der teilweise aus echtem Marmor, teilweise aus bemaltem Holz mit Marmoreffekt gearbeitet ist, verdient nähere Beachtung.

■ DER KUNSTSAMMLER REMBRANDT

Rembrandt war nicht nur Künstler, sondern auch Kunstsammler. Wäre in seinem Haus ein Feuer ausgebrochen, hätte er mit Sicherheit als Erstes seine Kunstmappen mit rund 8000 Zeichnungen und Drucken – unter anderem von Tizian, Hans Holbein und Michelangelo – gerettet. Zur Dauerausstellung gehören auch Gemälde von Pieter Lastman, Rembrandts Lehrer in Amsterdam.

■ REMBRANDT UND DER ELEFANT

1637 wurde ein junger, weißer Elefant von Ceylon nach Amsterdam gebracht, den der faszinierte Rembrandt in einer Zeichnung festhielt. Der Elefant taucht wieder auf in der Radierung *Der Sündenfall* (1638). Viele Arbeiten Rembrandts sind in Wanderausstellungen unterwegs, aber mit etwas Glück bekommt man diese hier zu sehen. Ansonsten: Ein Giebelstein mit dem berühmten Elefanten ziert eine Wand an der Nieuwe Batavierstraat 2 ganz in der Nähe.

HINTERGRUND

Von der Sint Antoniesluis (St.-Antonius-Schleuse) gegenüber dem Rembrandthuis schaut man direkt auf das Montelbaanstoren (siehe S. 73). Die Schleuse stammt aus dem Jahr 1695, doch eine Zeichnung Rembrandts aus der Mitte des 17. Jahrhunderts zeigt, wie sie zuvor aussah. Das Café neben der Schleuse, das sich gefährlich zu einer Seite neigt, war einmal das Schleusenwärterhaus.

Jodenbreestraat 4, 1011 NK • www.rembrandthuis.nl • Tel. 020 520 0400 • €€€ • geschlossen: 1. Jan., 27. April (Königstag) und 25. Dez. • Metro: Waterlooplein oder Nieuwmarkt • Tram: 9, 14

Die Besatzungszeit

Bereits um 1600 siedelten sich verfolgte Juden in Amsterdam an: die wohlhabenden Sepharden, die vor allem aus Portugal und Spanien kamen, und die verarmten Ashkenasim aus Zentral- und Osteuropa. Schon damals war Amsterdam berühmt für seine religiöse Toleranz, die es den Neuankömmlingen ermöglichte, ihren Glauben hier ohne Ängste weiter zu praktizieren. Niemand ahnte, dass die Nacht des 10. Mai 1940 alles ändern würde.

JODENBUURT, PLANTAGE & OOSTERDOK

DIGITALES **MONUMENT**

Das 2001 von Professor Isaac Lipschits ins Leben gerufene und vom **Joods Historisch Museum** unterhaltene Projekt setzt den Menschen der Jüdischen Gemeinden in Amsterdam und in den Niederlanden, die dem Holocaust zum Opfer fielen, ein Denkmal. Klickt man die Website *(www. joodsmonument.nl)* an, erhält man nähere Informationen über sie: vor allem wo und wann sie geboren wurden und starben. Eine erschütternde und ergreifende Erfahrung.

Die Endlösung

Am 10. Mai 1940 marschierten deutsche Truppen in die Niederlande ein und besetzten das zuvor neutrale Land. Am 22. Februar 1941 fand die erste große Judendeportation statt. Innerhalb eines Jahres wurde Westerbork, das die Niederländer 1939 als Auffanglager für aus Nazi-Deutschland eintreffende jüdische Flüchtlinge eingerichtet hatten, von den Nazis zu einem Durchgangslager umfunktioniert. Von hier aus wurden die Juden mit Zügen auf die über 1100 Kilometer lange Höllenfahrt nach Auschwitz oder in andere Konzentrationslager geschickt.

Jüdisches Leben in Amsterdam

Seit dem Beginn des 20. Jahrhunderts hatten die rund 80 000 in Amsterdam lebenden Juden ein relativ gleichberechtigtes und sorgenfreies Dasein genossen. Nun aber, unter der Besetzung der Deutschen, änderte sich ihr Leben schlagartig. Den stets an Kultur interessierten Juden war es fortan verboten, Theater, Kinos, Restaurants und sogar Parks zu betreten. Auch die Tram war für sie tabu, ebenso öffentliche Institutionen und Krankenhäuser. Sie mussten sich streng an Ausgangssperren halten (20 bis 6 Uhr) und stets einen gelben Judenstern mit der Aufschrift Jood tragen, sogar in den eigenen vier Wänden. Viele versteckten sich, einige sogar in Tiergehegen im Artis Zoo. Anne Frank (siehe S. 118–121), die durch ihr Tagebuch später berühmt wurde, und viele andere wurden von den mutigen Mitgliedern der Widerstandsbewegung unterstützt.

Ein hoher Preis

Vor dem Zweiten Weltkrieg lebten rund 130 000 Juden in den Niederlanden (80 000 davon in Amsterdam). Nach 1945 waren es nur noch 30 000. Von den etwa 25 000 Juden, die untergetaucht waren, verstarben etwa 7000, aus den Konzentrationslagern kehrten nur 5200 zurück. Die wenigen, die zurückkamen, waren stark traumatisiert. Ihre Familien und Freunde waren getötet, ihre Besitztümer gestohlen und ihre Häuser enteignet worden.

Eine jüdische Familie auf dem Weg zum Durchgangslager Westerbork, 1942.

Eine ewige Flamme brennt in der Erinnerungskapelle der Hollandsche Schouwburg, von wo aus Tausende Juden deportiert wurden (oben). Heute gibt es wieder eine wachsende Jüdische Gemeinschaft im Herzen des Amsterdamer Jodenbuurt-Viertels (rechts).

Der niederländische Schindler

Die Niederländer hatten mit Walter Süskind ihren eigenen Oskar Schindler. Die Jüdische Gemeinde Amsterdam betraute den deutschen Juden niederländischer Eltern im Juli 1942 mit der Leitung der **Hollandsche Schouwburg** (siehe S. 91–92), dem ehemals blühenden Theater, das während der Besatzungszeit von den Nazis als Deportationszentrum missbraucht wurde. Gemeinsam mit der Heimleiterin Henriëtte Pimentel und Raphaël »Felix« Halverstad – einem Kollegen an der Schouwburg – gelang es Walter Süskind, Kinder aus offiziellen Unterlagen verschwinden zu lassen und so zu retten.

Die Besatzer überlistet

Da er die deutsche Mentalität kannte und fließend Deutsch sprach, schaffte es der gelernte Kaufmann und vormalige Angestellte des Konzerns Unilever, das Vertrauen des für die Judendeportation verantwortlichen Nazi-Offiziers zu erlangen. Auf diese Weise konnte er die Kinder unbemerkt aus Listen entfernen. Auf der Rückseite des Heims wurden sie über eine Mauer in den Garten der Pädagogischen Hochschule gehoben, aus der junge Frauen und Mädchen sie in Rucksäcken, Wäschebeuteln und sogar in großen Milchkannen hinausschmuggelten und auf dem Land in Sicherheit brachten. Einige Kinder entkamen sogar durch den Haupteingang des Heims. Sobald eine Tram direkt davor anhielt – wie sie es bis heute tut –, verdeckte sie den Wachsoldaten die Sicht. Zudem lenkte Süskind derweil die Deutschen mit Witzen oder Zigaretten ab. Saßen die Kinder erst einmal in der Tram, lächelten sich die anderen Passagiere zu, denn sie wussten genau, was hier vor sich ging. Süskind gelang es auf diese Weise sowie mit der Unterstützung von Pimentel und Halverstad und dem Direktor der Pädagogischen Hochschule, Johan Wilhelm van Hulst, mehr als 600 Kindern das Leben zu retten.

Das Schicksal der Helden

Henriëtte Pimentel starb 1943 in Auschwitz. Raphaël Halverstad befand sich auf dem letzten Transport, der Amsterdam verließ, konnte jedoch entkommen und überlebte den Krieg. Walter Süskind kam in ein Konzentrationslager und soll im Februar 1945 bei einem der sogenannten Todesmärsche durch Europa umgekommen sein. Heute erinnert eine Tafel an der Plantage Middenlaan 31–33 an den mutigen Einsatz dieser Menschen: *In Erinnerung an all jene, die dabei halfen, jüdische Kinder vor ihrer Deportation während der deutschen Besatzungszeit zu bewahren. 1940 bis 1945.*

Straßenmärkte

Ob man nach einem individuellen Souvenir stöbern, um einen Strauß
roter Tulpen feilschen, gesunde Spezialitäten kosten oder einfach nur die
besondere Atmosphäre aufsaugen möchte – die vielfältigen Straßenmärkte
von Amsterdam lohnen auf jeden Fall einen Besuch.

JODENBUURT, PLANTAGE & OOSTERDOK

■ FLOHMÄRKTE
Ein Besuch des **Waterloopleinmarkt**
(*Waterlooplein, 1011 PG, geöffnet: Mo.
bis Fr. 9–17.30 Uhr; Sa. 8.30–17.30 Uhr*),
benannt nach dem Platz im Jodenbuurt-Viertel, ist ein Muss. Auch wenn die
touristen-freundliche Lage die Preise
recht teuer macht, ist bei der riesigen
Auswahl an Waren für jeden etwas
dabei: exotischer Schmuck, Vintage-
Kleidung, antiquarische Bücher, Schallplatten, Trödel und jede Menge T-Shirts.
Auch die umliegenden Läden sind
einen Besuch wert: so der Bio-Super-
markt **Eko-plaza** (*Waterlooplein 131*),
Episode (*Waterlooplein 1*) mit
Vintage-und Secondhand-Kleidung
und **Out of the Closet** (*Jodenbreestraat
158*) – ein Trödelladen, der die AIDS
Healthcare Foundation unterstützt.

■ KUNST
Der Spui im Nieuwe-Zijde-Viertel
bildet das pulsierende Zentrum der
Amsterdamer Literatur- und Kultursze-
ne. Von März bis Dezember bieten auf
dem **Artplein Spui** (*Spui Plein, 1012
WZ, geöffnet: So. 10–17 Uhr*) etwa
60 niederländische und internationale
Künstler ihre Werke an – Aquarelle,
Glasobjekte, Schmuck, Keramik,
Ölgemälde, Fotografien und Media Art.
Hinweis: Ausschau halten nach drei
Backsteinpaaren auf dem Boden mit der
Aufschrift: »A translation from one
language to another« (»Eine Übersetzung von einer Sprache in die andere«),
auf Englisch, Niederländisch, Surina-
misch und Arabisch – eine Arbeit des
New Yorker Konzeptkünstlers Law-
rence Weiner.

■ BLUMEN & PFLANZEN
Amsterdams berühmten schwimmenden **Bloemenmarkt** (*Singel zwischen
Konigsplein und Muntplein, 1071 AZ,
geöffnet: Mo. bis Sa. 9–17.30 Uhr; So.
11–17.30 Uhr*) findet man im Nieuwe-

Der weltberühmte Flohmarkt auf dem Waterlooplein umfasst rund 300 Stände.

Zijde-Viertel (siehe S. 55). Ist man über den täglich geöffneten Blumenmarkt geschlendert, kann man in den Läden vis-à-vis Hängematten und andere Designerstücke bestaunen. Weniger touristisch ist der montags stattfindende **Bloemen- en Plantenmarkt** *(Amstelveld, 1017 JD, geöffnet: Mo. 9–18.30 Uhr)* auf dem pittoresken, von Bäumen gesäumten Amstelveld-Platz zwischen Prinsengracht und Keizersgracht im südlichen Grachtenviertel.

■ BÜCHER

Eines der am bestgehüteten Geheimnisse Amsterdams findet man in einer kleinen Passage im Oude-Zijde-Viertel. Bekannt als Oudemanhuispoort, verbindet sie den Oudezijds Achterburgwal und den Kloveniersburgwal. Hier befindet sich seit mehr als zwei Jahrhunderten der **Oudemanhuispoort-Büchermarkt** *(Oudemanhuispoort, 1012 CN, geöffnet: Mo. bis Sa. 9–17 Uhr)*. Bereits 1757 gab es unter dem Gewölbe dieser historischen

Lederwaren – darunter nicht selten preisgünstige Varianten berühmter Designermarken – gehören zum festen Angebot des Amsterdamer Noodermarkt.

Passage Stände, an denen mit Büchern, Silber und Gold gehandelt wurde. Heute ist der Markt an diesem angenehm ruhigen Ort auf antiquarische Bücher, Drucke, Postkarten und Musiknoten spezialisiert.

■ BEKLEIDUNG & STOFFE

An ausgefallener Secondhand-Mode Interessierte kommen auf dem fantastischen **Noordermarkt** montagvormittags voll auf ihre Kosten *(1015 MV, geöffnet: Mo. 9–13 Uhr)*. Er trägt den Namen des Platzes im Jordaan-Viertel, auf dem er – und samstags ein Bio-Markt – stattfindet. Modische

Secondhand-Mode und Accessoires, darunter auch historische Raritäten, gibt es hier zu unschlagbaren Preisen. Rechtzeitig da sein, da die besten Schnäppchen schnell weg sind. Danach lädt der **Lapjesmarkt** *(Westerstraat, 1016 DH, geöffnet: Mo. 9–13 Uhr)*, ein beliebter Stoffmarkt mit einem mannigfaltigen Angebot, der vom Noordermarkt aus die Westerstraat säumt, zum Stöbern ein.

■ BIO-MÄRKTE

Amsterdam hat zwei Bio-Märkte, die beide samstags stattfinden. Der **Boerenmarkt** *(geöffnet: Sa. 9–16 Uhr)* ist ein Bauernmarkt im Schatten einer Kirche aus dem 17. Jahrhundert, die am Noordermarkt steht, einem kleinen Platz im Jordaan-Viertel (siehe links). Als ältester Bio-Markt der Niederlande bietet er seit 1987 zahlreiche Stände mit fast mittelalterlichem Charme: hier Kostproben köstlicher Käsesorten, dort frischen Weizengrassaft zur Stärkung, während der Duft frisch gebackenen Brotes und die Klänge von Straßenmusikanten die Luft erfüllen. Der **Biologische Versmarkt** *(Nieuwmarkt, 1012 CR, geöffnet: Sa. 9–16 Uhr)* hat mit seinem Angebot an biologisch angebautem Obst und Gemüse den Nieuwmarkt im Oude-Zijde-Viertel wieder in der Tradition des 17. Jahrhunderts als

Eine riesige Auswahl an frischem Obst und Gemüse bietet der quirlige Albert Cuypmarkt.

Marktplatz zum Leben erweckt. Wegen seiner zentralen Lage ist er häufig überlaufen, aber der ausladende Käsestand, der auf Himbeerprodukte spezialisierte Händler und der französische Crêpestand neben der Stadtwaage, an dem man auch einen leckeren Cappuccino trinken kann, lohnen die Muhe.

■ GEMISCHTWAREN

Amsterdams größter Gemischtwarenmarkt – der **Albert Cuypmarkt** *(Albert Cuypstraat, 1072 LL, geöffnet: Mo. bis Sa. 9.30–17 Uhr)* im De-Pijp-Viertel – ist nach dem Maler Albert Cuyp (17. Jahrhundert) benannt. Das ganze Jahr über laden farbenfrohe Stände entlang der Albert Cuypstraat zum Bummeln ein. Viele von ihnen sind vor den Läden (auch diese lohnen eine Stippvisite) auf der Straße aufgebaut. Der regional fest verankerte Markt bietet alles Erdenkliche: von frischem Fisch, Obst und Gemüse, bis zu Schuhen, Pflanzen und Haushaltswaren. Kenner führt keineswegs das Angebot an Billigklamotten hierher, sondern die hochwertige Stoffauswahl. In der Mitte des Marktes serviert man im arabischen **Restaurant Bazar** *(Albert Cuypstraat 182)* eine erfrischende Tasse Pfefferminztee.

Der nördliche Grachtengürtel

Im Goldenen Zeitalter der Niederlande, dem 17. Jahrhundert, wurde im nördlichen Teil der Stadt der weltberühmte Amsterdamer Grachtengürtel angelegt, zu dem die Herengracht, Keizersgracht und Prinsengracht gehören.

Dieser Gürtel und das Kanalnetz, das um das mittelalterliche Stadtzentrum herumführt, verliehen Amsterdam den Namen Venedig des Nordens. Nach der Fertigstellung siedelten sich reiche Kaufleute in eleganten Wohnhäusern mit hübschen *hofjes* (Innenhöfen). Im späten 19. Jahrhundert wurde dann der für die Architektur der Amsterdamer Schule berühmte Spaarndammerbuurt-Bezirk erbaut. In ihm herrscht – nicht zuletzt aufgrund von zwei berühmten Gedenkstätten – eine ruhige, nachdenkliche Atmosphäre, aber er versprüht zugleich auch einen entspannten Charme.

108 Stadtviertel-Tour

**118 Im Detail:
Anne Frank Huis**

**122 Typisch Amsterdam:
Gebrautes und
Gebranntes**

**124 Best of:
Kulinarische
Köstlichkeiten**

◀ **Die Terrasse des Cafés
Spanjer en van Twist
an der Leliegracht**

Der nördliche Grachtengürtel

*Eine entspannte Tour durch dicht besiedelte Wohnviertel,
bei der man ins Leben der Bewohner eintaucht.*

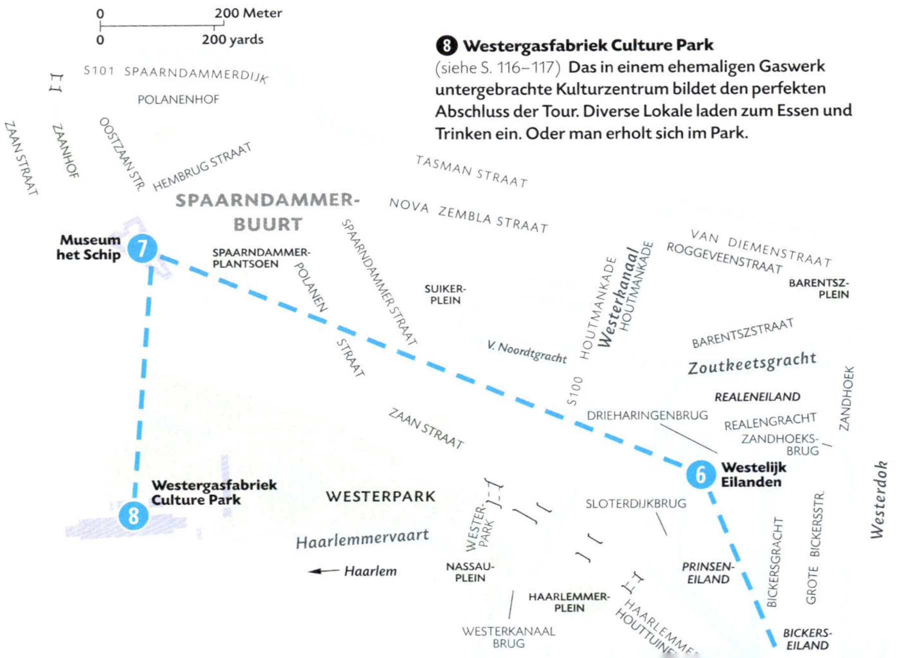

❽ Westergasfabriek Culture Park

(siehe S. 116–117) Das in einem ehemaligen Gaswerk
untergebrachte Kulturzentrum bildet den perfekten
Abschluss der Tour. Diverse Lokale laden zum Essen und
Trinken ein. Oder man erholt sich im Park.

❼ Museum het Schip

(siehe S. 115–116) Das
Haus ist ein bauliches
Musterbeispiel der
Amsterdamer Schule.
Anschließend zurück zum
Park und nach Osten.

❻ Westelijk Eilanden

(siehe S. 114–115) Hat
man die Westlichen
Inseln durchstreift, führt
der Weg zurück zum
Haarlemmerplein und von
dort zum Westerpark.
Parallel zur Bahnlinie
halten, dann rechts durch
den Fußgängertunnel in die
Zaanstraat und nach links
abbiegen.

---

0   200 Meter
0   200 yards

Westerdok

S101 SPAARNDAMMERDIJK
POLANENHOF
OOSTZAAN STR
HEMBRUG STRAAT
ZAANHOF
ZAAN STRAAT
L1

**SPAARNDAMMER-
BUURT**

SPAARNDAMMER-
PLANTSOEN

SPAARNDAMMER-STRAAT
POLANEN STRAAT
TASMAN STRAAT
NOVA ZEMBLA STRAAT
SUIKER-
PLEIN

ZAAN STRAAT

WESTERPARK

Haarlemmervaart

◀— Haarlem

V. Noordtgracht

VAN DIEMENSTRAAT
ROGGEVEENSTRAAT
BARENTSZSTRAAT
BARENTSZ-
PLEIN
ZANDHOEK

Zoutkeetsgracht

Westerkanaal
HOUTMANKADE
HOUTMANKADE

S100

DRIEHARINGENBRUG
REALENEILAND
REALENGRACHT
ZANDHOEKS-
BRUG

SLOTERDIJKBRUG

**❻ Westelijk
Eilanden**

PRINSEN-
EILAND

BICKERSGRACHT
GROTE BICKERSSTR
BICKERS-
EILAND

HAARLEMMER
HOUTTUINEN

HAARLEMMER-
PLEIN

WESTERKANAAL
BRUG

NASSAU-
PLEIN

WESTER-
PARK

NASSAU-
PLEIN

**❼ Museum
het Schip**

**❽ Westergasfabriek
Culture Park**

Het IJ

DE RUIJTERKADE S 100

WESTERDOKS-KADE

NIEUWE WESTERDOK STRAAT

HAARLEMMERSLUIS / BRUG

HAARLEMMERSTRAAT

Singel — STROMARKT

HEREN-MARKT

Herengracht

5 Haarlemmerstraat

Brouwers-gracht

BROUWERSGRACHT

HAARLEMMERDIJK

BUITEN-ORANJESTR.

HAARLEMMER-BUURT

EENHOORNSLUIS

HERENGRACHT

HERENSTR.

Blauwburgwal

Prinsengracht

Keizersgracht

KEIZERSGRACHT

PRINSENGRACHT

LELIEGRACHT

WESTER STRAAT

Jordaan **4**

PALM-GRACHT

PALMSTRAAT

WILLEMS STRAAT

GOUDSBLOEM STRAAT

LINDENGRACHT

LINDENGRACHT

LINDEN STRAAT

BOOM STRAAT

LIJNBAANSGRACHT

MARNIXSTRAAT

Singelgracht

ANJELIERS STRAAT

TUIN STRAAT

Egelantiers-gracht

Lijnbaansgracht

Anne Frank Huis

Westerkerk **2 → 1** **Homomonument**

WESTERMARKT

3

DER NÖRDLICHE GRACHTENGÜRTEL

1 Homomonument (siehe S. 110–111) Hat man das weltweit erste Homosexuellen-Denkmal entdeckt, geht es vorbei an der Südseite der Westerkerk und der Anne-Frank-Statue zur Prinsengracht.

5 Haarlemmerstraat (siehe S. 113–114) Auf dem Weg in Kunstgewerbeläden stöbern. Anschließend die Bahnbrücke unterqueren, rechts in die Sloterdijkstraat und über die schmale Brücke.

**DER NÖRDLICHE GRACHTENGÜRTEL STRECKE: ETWA 5 KM
DAUER: ETWA 8 STD. START: WESTERMARKT**

---

4 Jordaan-Viertel (siehe S. 112–113) Die versteckten Hinterhöfe und die Cafés des Viertels animieren zu Stippvisiten. Dann weiter nach Osten zur Haarlemmerstraat.

3 Anne Frank Huis (siehe S. 118–121) Nach der Erkundung des Verstecks der berühmten Tagebuchautorin führt cie Route weiter nach Norden über die Prinsengracht ins Jordaan-Viertel.

2 Westerkerk (siehe S. 111) Der 186-Stufen-Aufstieg auf den Turm der Kirche aus dem 17. Jahrhundert lohnt sich. Danach an der Prinsengracht weiter nach Norden.

Homomonument

1 Die progressiven Niederlande errichteten 1987 unterhalb der **Westerkerk** (siehe gegenüber) das weltweit erste Denkmal, das den wegen ihrer sexuellen Neigung verfolgten Schwulen und Lesben gewidmet ist und daran erinnert, dass von den Nazis nicht nur Juden in Konzentrationslagern ermordet wurden. Das Monument von Karin Daan besteht aus drei rosafarbenen Granitdreiecken: Eines bildet ein Podest, eines liegt eben auf dem Boden und eines ragt stufenartig in die Keizersgracht hinein. Zusammen ergeben sie ein größeres Dreieck, dessen Spitzen auf symbolträchtige Orte weisen: Eine deutet auf das **Anne Frank Huis** (siehe S. 118–121), eine auf das **Nationaal Monument** auf den **Dam** (siehe S. 50) und die dritte auf den Sitz des niederländischen Interessenverbandes der Homosexuellen. Am Welt-AIDS-Tag (1. Dez.) und an weiteren Gedenktagen – wie dem Volkstrauertag (4. Mai), dem Tag der Befreiung (5. Mai) und dem Königstag (27. April) – sowie insbesondere bei der jährlichen

Fast immer liegen Blumen, Kränze und Botschaften auf den Stufen des Homomonuments.

Gay-Pride-Veranstaltung (Juli/August) werden hier Bierzelte und Musikbühnen aufgebaut. Dann tanzen hier Menschen ausgelassen bei der sogenannten Drag-Queen-Olympiade. Infos und Souvenirs findet man im **Pink Point**, einem das ganze Jahr über geöffneten Kiosk.

Westermarkt, 1016 DJ • www.homomonument.nl • Tram: 13, 14, 17

Westerkerk

Die von dem Architekten Hendrick de Keyser entworfene Westerkerk wurde von 1620 bis 1631 im niederländischen Renaissancestil erbaut: Die Fertigstellung ihres 84 Meter hohen Turms – des höchsten in Amsterdam – erfolgte erst 1638. Die Kirchturmspitze schließt mit der blauen, österreichischen Kaiserkrone ab. 1489 hatte Maximilian I., Kaiser des Heiligen Römischen Reiches, die Erlaubnis erteilt, die Krone in das Stadtwappen aufzunehmen. Diese Geste war, ähnlich wie in Großbritannien das königliche Wappen auf dem Produkt eines Hoflieferanten, ein Zeichen höchster Wertschätzung. Im Sommer kann man den Turm mit seinem grandiosen Ausblick und seiner kleinen Ausstellung zur Geschichte der Kirche besteigen. Rembrandt liegt hier in einem anonymen Armengrab beerdigt. Nach seinem Bankrott musste der Maler sein Haus in der Jodenbreestraat (siehe S. 96–97) verlassen und wohnte von 1658 bis zu seinem Tod in diesem Stadtviertel. Eine Plakette an der Rozengracht 184 markiert die Stelle seines ehemaligen Wohnhauses. Auch Anne Frank bezog ihr Versteck ganz in der Nähe der Westerkerk und erwähnte deren Glockenspiel in ihrem Tagebuch; das Läuten zu jeder Viertelstunde wirkte auf sie beruhigend. Nicht verpassen: die Anne-Frank-Statue von Marie Andriessen, 1977 vor der Südseite der Kirche errichtet.

Prinsengracht 281, 1016 GW • www.westerkerk.nl • Tel. 020 624 7766 • geschlossen: So. • Tram: 13, 14, 17

Anne Frank Huis

3 Siehe S. 118–121.

Prinsengracht 267, 1016 GV • www.annefrank.org • Tel. 020 556 7105 •
€€–€€€ • geschlossen: Jom Kippur • Tram: 13, 14, 17

Jordaan-Viertel

4 Das kleine Wohnviertel liegt zwischen der Prinsengracht und
der Lijnbaansgracht, mit der Brouwersgracht im Norden und
der Leidsegracht im Süden. Zur Namensgebung Jordaan gibt es
verschiedene Theorien: Die plausibelste führt die Bezeichnung auf
das französische Wort *jardin* zurück. Die ersten Einwohner waren im
17. Jahrhundert französischsprachige Flüchtlinge, die aus religiösen
Gründen verfolgt wurden und den Stadtteil als »Garten« bezeichne-
ten. Bis heute sind viele der Straßen nach Blumen oder Pflanzen benannt – z. B. die Palmstraat (Palmenstraße) oder Goudsbloemstraat

Eine lässige, entspannte Atmosphäre kennzeichnet die Gassen des Joordan-Viertels.

(Ringelblumenstraße). Einst ein Arbeiterviertel, finden sich hier heute elegante Boutiquen und Designerläden sowie Cafés und Bars für einen entspannten Einkaufsbummel.

Das ruhige Stadtviertel birgt viele Überraschungen, also die Augen offenhalten und auf interessante Giebelsteine sowie Verzierungen an den Häusern achten. Typisch sind hier die kleinen *hofjes* – versteckte Innenhöfe, die einst armen Witwen vorbehalten waren. Vom **Anne Frank Huis** die Straße entlang bis Zon's Hofje (*Prinsengracht 159–171*) gehen und einen Blick durch das Tor werfen. Einige Tore weiter trifft man auf den liebevoll angelegten Garten des größeren Van Brienenhofje (*Prinsengracht 85–153*) aus dem Jahr 1804, wo sich einst eine Brauerei befand.

Metro: Centraal Station • Tram: 3, 7, 10, 13, 14, 17

Haarlemmerstraat

⑤ Haarlemmerdijk – die ehemalige Verbindungsstraße zwischen Amsterdam und der Nachbarstadt Haarlem – ist heute die Hauptstraße des nördlich vom Jordaan-Viertel erblühenden Stadtviertels Haarlemmerbuurt. Von Nordwesten nach Südwesten verlaufend, wird der Haarlemmerdijk zur Haarlemmerstraat, bevor sich die Straße als Fußgängereinkaufszone Nieuwendijk durch das Viertel **Nieuwe Zijde** schlängelt. Dort überwiegen kommerzielle Ketten, während Haarlemmerbuurt mit individuellen Läden und Kunsthandwerksbetrieben aufwartet. Richtung Osten zur **Centraal Station** (siehe S. 48) laufend, stößt man auf das **West-Indisch Huis** (siehe S. 30), dem ehemaligen Sitz der Niederländischen Ostindien-Kompanie. Auf der anderen Straßenseite steht die **Posthoornkerk** (Haarlemmerstraat 124–126), eine dreitürmige Kirche aus dem Jahr 1860, die – ebenso wie das **Rijksmuseum** (siehe S. 158–161) und die Centraal Station – von P. J. H. Cuypers

GUT **ESSEN**

■ DE BOLHOED
Für ein Mittagessen im Jordaan-Viertel gut geeignet ist dieses vegetarische Restaurant mit winziger Terrasse am Kanal. Tägliches veganes Spezialgericht. **Prinsengracht 62, 1015 DX, Tel. 020 626 1803, €€**

■ SMALL WORLD
Suppe, Sandwiches, Pasta und vielfältige Salate; frische Säfte, Muffins und ein Möhrenkuchen zum Reinlegen! Alles auch zum Mitnehmen. **Binnen Oranjestraat 14, 1013 JA, Tel. 020 420 2774, €**

■ WINKEL 43
Einen der besten Apfelkuchen der Stadt kann man hier auf dem ruhigen Noordermarkt genießen. **Noordermarkt 43, 1015 NA, Tel. 020 623 0223, €**

DER NÖRDLICHE GRACHTENGÜRTEL

entworfen wurde. Heute wird sie nur noch privat oder für Ausstellungen genutzt. Weiter nach Westen geht es zum Haarlemmerplein und zur Singel mit dem 1840 erbauten **Haarlemmerpoort**. Als sich die Stadtplaner im 20. Jahrhundert entschlossen, eine belebte Verkehrsstraße inklusive Tramschienen um diesen neoklassizistischen Torbogen herumzuführen, verlor er seine einstige Bestimmung. Unterwegs unbedingt **The Movies** *(Haarlemmerdijk 161)* beachten: ein Art-déco-Kino aus dem Jahr 1912 in einem schmalen Gebäude aus dem 17. Jahrhundert – ein Juwel. Warum nicht hier bei Regen einen spannenden Hollywood-Streifen genießen?

Metro: Centraal Station • Tram: 3

Westelijk Eilanden

6 Drei zwischen 1611 und 1615 künstlich erschaffene Inseln – **Bickerseiland, Prinseneiland** und **Realeneiland** – bilden einen Teil der Schutzdämme der Stadt entlang dem Fluss IJ. Damals drängten sich hier Schiffswerften und Lagerhäuser, gefüllt mit Hering, Getreide, Tabak, Wein, Salz, Anchovis und Katzenfellen. Heute ist dies eines der begehrtesten Wohnviertel, in dem vor allem Künstler, Schauspieler und Musiker leben, was leicht nachzuvollziehen ist. Hohe, reizvoll renovierte Lagerhäuser, schmale Holzbrücken und stimmungsvolle Grachten mit farbenfrohen Hausbooten schaffen eine einzigartige Atmosphäre. **Prinseneiland 24B** lautet die Adresse eines 1898 von Hendrik Breitner entworfenen Ateliers. Der Künstler und Fotograf, der oft zusammen mit Vincent van Gogh malte und dessen Werke im Rijksmuseum ausgestellt sind, arbeitete hier bis 1914. Es gibt nicht viele touristische Sehenswürdigkeiten zu sehen, aber umso mehr charmante Ecken und Winkel. Bei einem Spaziergang von Insel zu Insel kann man wunderbar entspannen. Zu einer

Reizvolle mehrstöckige Lagerhäuser säumen die Straßen von Westelijk Eilanden – Zeugen der reichen Vergangenheit Amsterdams.

Rast mit Ausblick verlockt die Terrasse des **Gouden Reael** *(Zandhoek 14)*. Aus dem einstigen Lagerhaus für Heringe wurde vor gut 150 Jahren eine Gastwirtschaft, in der die Arbeiter bei einem Bier oder Jenever eine Pause machten (siehe S. 122–123).

Metro: Centraal Station • Tram: 3

Museum het Schip

Das unkonventionell gestaltete Gebäude, das auch als **Het Schip** (»Das Schiff«) bezeichnet wird, ist ein klassisches Beispiel für die Architektur der sogenannten Amsterdamer Schule (etwa 1910 bis 1930). Oft als niederländische Version des Art déco bezeichnet, setzte sich diese Bewegung auch soziale Ziele. Im Zentrum stand die Überzeugung, dass Kunst – jenseits gesellschaftlicher Klassen – jedem etwas bieten sollte. »Das Schiff«, ein Musterbeispiel für den sozialen Wohnungsbau der Niederlande, wurde 1919 von Michel de Klerk entworfen. Es umfasst 120 Arbeiterwohnungen, eine kleine Eingangshalle und ein Postamt. Mit den orangeroten Ziegelsteinen, den gerundeten Wänden, den Sprossenfenstern und den reichen Verzierungen wurde es als Arbeiterpalast bezeichnet. In de Klerks eigenen Worten: »Nichts ist zu gut für die Arbeiter, die so lange mit so wenig Schönheit auskommen mussten.«

Weiße Holzzugbrücken, die den Frachtseglern die Einfahrt in die Docks ermöglichten, überspannen die Kanäle der Westlichen Inseln.

Bis heute wohnen hier Familien mit niedrigem Einkommen. Im **Museum het Schip** ist eine Sozialwohnung der 1920er-Jahre mit samt der Einrichtung im Originalzustand zu sehen. Darüber hinaus widmet sich eine Ausstellung de Klerk und der Amsterdamer Schule. Viele informative Details erfährt man aus der günstigen Broschüre *Walking Around Het Schip* oder bei der 45-minütigen, auch auf Englisch dargebotenen Führung. Am beeindruckendsten ist de Klerks letzte Arbeit: das **Postamt**, das von außen wie ein Schiffsschornstein aussieht. Man beachte die Details der Telefonzelle: Die Streben der

Eine Architekturikone ihrer Zeit ist die wunderschön gekachelte Telefonzelle im Postamt des Museum het Schip.

Fenster sind wie Telegrafendrähte gestaltet und bei genauem Hinsehen sieht man sogar Vögel darauf sitzen. Auch die Tür zum Bereich, in dem die Briefe sortiert wurden, lohnt einen näheren Blick. Da viele der Arbeiter die Aufschrift *verboden* (Betreten untersagt) nicht lesen konnten, ist dort eine Hand mit einem Schlagstock eingeschnitzt.

Spaarndammerplantsoen 140, 1013 XT • www. hetschip.nl • Tel. 020 418 2855 • €€ • geschlossen: Mo., 1. Jan., 27. April (Königstag) und 25. Dez. • Tram: 3

Westergasfabriek Culture Park

8 Das ehemalige, am Ende des 19. Jahrhunderts erbaute Werk lieferte einst das Gas für die Straßenlaternen, heute ist es einer der kulturellen Hotspots der Stadt. Neben einem vielfältigen Kulturangebot an Konzerten und Partys, die in dem riesigen Gastank stattfinden, haben sich Künstler, Modedesigner, Filmemacher, und ein Chocolatier in diesem Areal angesiedelt. Im **Ketelhuis,** einem der niederländischen Filmszene gewidmeten Kino, kann man häufig auch Englisch untertitelte Produktionen sehen.

Die Cafés und Restaurants sind ein weiteres Highlight. Schon beim Überqueren der Eisenbrücke am Haupteingang lockt einen der Duft nach Kuchen und frisch gebackenem Brot aus dem Café **Bakkerswinkel** (*Polonceaukade 1 und 2*). Etwas weiter, am Ketelhuis vorbei, liegt die prämierte **Espressofabriek** (*Gosschalklaan 7*), wo man in zahlreichen Varianten den feinsten Kaffee der Stadt genießen kann. Noch ein paar Schritte weiter gelangt man zum **Pacific Parc** (*Polonceaukade 23*), einem Restaurant mit einer enormen Raumhöhe und einer großen Terrasse. An den Wochenenden verwandeln DJs die sonst chillige Location in einen pulsierenden Club. Jenseits des Pacific Parc bietet das **Raïnaraï**

(Polonceaukade 40) ausgesprochen schmackhafte algerische Küche in einem authentischen Ambiente.

Zeit nehmen sollte man sich für einen Spaziergang durch den Park, der von der amerikanischen Landschaftskünstlerin Kathyrn Gustafson angelegt wurde. Bei sonnigem Wetter kann man hier Tennis spielen, picknicken oder ein gutes Buch lesen. Am westlichsten Punkt des Parks gibt es eine **Kinder-Farm** mit Ponys, einer Kuh, einem Schwein, Ziegen und Kaninchen. Hier befindet sich auch das im Industriedesign gestaltete Bio-Restaurant **Proef** *(Gosschalklaan 12)* mit einer Gartenterrasse voller Kräuter. Kein Wunder, dass die Westergasfabriek 2010 eine Auszeichnung als europäisches Kulturerbe erhielt.

Haarlemmerweg 8–10, 1014 BE • www.westergasfabriek.nl • Tram: 10

Einer der vielen Verkaufswagen beim jährlich im Mai stattfindenden kulinarischen Fest auf Rädern – dem Rollende Keukens Festival in der Westergasfabriek.

Anne Frank Huis

Ein Besuch im Versteck der Tagebuchautorin lässt die Eintragungen des jüdischen Teenagers lebendig werden.

Das Bücherregal im Anne Frank Huis, das den Eingang zum Hinterhaus verdeckte.

Zu Annelies Marie Frank – bekannter als Anne Frank – braucht es keine große Einleitung. Ihr in über 70 Sprachen übersetztes Tagebuch ist eines der meistgelesenen Bücher der Welt. Das Versteck, in dem das Mädchen, seine Eltern Otto und Edith sowie seine Schwester Margot und vier Freunde der Familie während der Besatzungszeit im Zweiten Weltkrieg ausharrten, ist einer der berühmtesten Orte der Stadt. Der Besuch des engen Verschlags – zugänglich durch ein bewegliches Bücherregal – ist ein zutiefst bedrückendes Erlebnis.

◼ DIE MUSEUMSRÄUME

Das Museum befindet sich in zwei Häusern an der Prinsengracht am Rande des Jordaan-Viertels (siehe S. 112–113): das Haus, in dem Anne Frank, ihre Familie und deren Freunde sich versteckt hielten *(Nr. 263)*, sowie das Nachbarhaus *(Nr. 265)*. Das Letztgenannte dient als Museumseingang und Ausstellungsraum. Die Dauerausstellung zu Anne Franks Lebensgeschichte wird durch Wechselausstellungen mit Fotos, Briefen und Informationen zu anderen Familienmitgliedern ergänzt.

◼ ANNES TAGEBUCH

Die Ausstellung zeigt Originalseiten aus Annes grün-rot kariertem Tagebuch, ein Geschenk ihres Vaters vom 12. Juni 1942. Drei Wochen nachdem sie das Tagebuch geschenkt bekommen hatte, mussten Anne und ihre Familie im **achterhuis** (Hinterhaus, siehe S. 120) untertauchen. Anne schrieb ihre persönlichen Gedanken und Erfahrungen an eine imaginäre Freundin, die sie Kitty nannte. Sie berichtete darin vom Leben in dem Versteck, wobei sie die Namen ihrer Mitbewohner änderte: Aus den Freunden der Familie mit dem Namen Van Pels – Hermann, Auguste und deren Sohn Peter – wurden die Van

CLEVER **REISEN**

Mit mehr als einer Million Besucher jährlich ist das Anne Frank Huis eins der drei meistbesuchten Museen Amsterdams. Um allzu lange Warteschlangen zu vermeiden, sollte man Eintrittskarten im Voraus online kaufen oder gegen Abend kommen (im Sommer bis 22 Uhr geöffnet). Ebenfalls online kann man bei einer virtuellen Tour durch das Hinterhaus erleben, wie es dort in den Kriegsjahren aussah: Nach Angaben von Otto Frank wurde die dortige Einrichtung 1961 für das Museum so rekonstruiert, wie sie im Jahr 1944 war.

Daans, der Zahnarzt Fritz Pfeffer zu Herrn Dussel. Den letzten Eintrag schrieb Anne am 1. August 1944. Drei Tage später wurden sie und ihre Familie verraten und alle im Versteck Verborgenen deportiert. Als Otto Frank nach dem Krieg als einziger Überlebender des Hinterhauses nach Amsterdam zurückkehrte, gab Miep Gies, die der Familie in ihrem Versteck geholfen hatte, dem Verzweifelten Annes Tagebuch.

◼ LEBEN IM VERBORGENEN

Von der Ausstellung im Eingangsbereich geht es zunächst weiter in Otto Franks ehemalige Büroräume im Vorderhaus der **Prinsengracht 263**. Beim Gang durch die Räume, die genau so eingerichtet sind wie in den 1940er-Jahren, wird klar, wie schwierig es gewesen sein muss, nichts nach außen zu verraten. Nur eine Handvoll der Mitarbeiter wusste von dem Versteck und war sich der tragischen Konsequenzen bewusst, die mit seiner Entdeckung verbunden gewesen wären. Doch es waren diese wenigen Helfer, die es den Franks und ihren Mitbewohnern ermöglichten, mehr als zwei Jahre unentdeckt zu bleiben, bevor sie denunziert wurden. Und als man das Haus 1960 für die

Öffentlichkeit zugänglich machte, waren es dieselben Helfer, die die ersten Führungen durch das Versteck machten.

■ RUNDGANG DURCHS HINTERHAUS
Den Höhepunkt bildet zweifellos ein Besuch des *achterhuis* – des Hinterhauses in der Prinsengracht 263. Zunächst führt die Tour durch das verschiebbare Bücherregal in der zweiten Etage, einem Nachbau des Originals. Die Räume sind noch genauso leer, wie Otto Frank sie vorfand, als er

Peter van Pels schlief in einem provisorischen Verschlag am Fuß der Dachbodentreppe.

nach Kriegsende zurückkehrte. Nachdem die Familie entdeckt worden war, wurde das gesamte Mobiliar entfernt und danach verkauft oder entwendet, wie meist, wenn Juden deportiert wurden.

Es ist schwer, sich vorzustellen, wie hart das Leben in einer solchen Enge gewesen sein muss. Direkt hinter dem Bücherregal gelangt man in einen kleinen Flur und zur Eingangstür in das Quartier der Franks: ein Zimmer, in dem Annes Schwester und ihre Eltern schliefen, und ein zweites, das sich Anne mit dem Zahnarzt Fritz Pfeffer teilte. Einige Fotos und Zeitungsausschnitte von Anne hängen noch immer an der Wand. Am Raumende befindet sich das einzige Badezimmer – schlicht ausgestattet mit einem Waschbecken und einer Toilette, die erst abends gespült werden durfte, wenn die Arbeiter aus dem darunterliegenden Lagerraum nach Hause gegangen waren.

Aus dem Bad gelangt man zum Flur und von dort nach oben zum Quartier der Familie van Pels. Dies bestand aus einem großen Raum, der zugleich als Schlafraum für das Ehepaar, als Küche und als Wohnzim-

Ein Foto von der sorglos lächelnden Anne – ein Jahr, bevor sie untertauchen musste.

mer diente. Durch eine schmale Tür rechts, wo einst die Küche war, gelangt man in Peter van Pels' Zimmer: eine winzige Abseite unter der Treppe zum Dachboden. Zum Abschluss der beklemmenden Besichtigung geht man über eben diese Treppe hinauf zum Dachboden, wie es auch Anne Frank oft tat. Dort kann man einen Augenblick verharren, um sich das Schicksal des Mädchens und seiner Familie vor Augen zu halten.

Prinsengracht 267, 1016 GV • www.annefrank.org • Tel. 020 556 7105 • €€–€€€ • geschlossen: Jom Kippur • Tram: 13, 14, 17

Gebrautes und Gebranntes

Das typischste aller niederländischen Getränke ist Heineken-Bier. Dank skurriler Werbekampagnen, geschickter Brauereiaufkäufe und internationalem Handel, eine der traditionellen Stärken von Niederländern, ist Heineken heute wohl eine der weltweit bekanntesten Biermarken und kommt direkt aus Amsterdam. Doch man sollte unbedingt auch die Biere kleinerer Brauereien kosten – und Jenever, den würdigen Vorläufer des Gin.

Die Niederländer sind vor allem für ihre Lagerbiere von Heineken und Grolsch berühmt. In einigen Regionen werden aber auch dunkle, herbere Biere gebraut. Zudem gibt es eine Trappistenbrauerei – De Koningshoeven.

Für Bierfreunde

Die Niederlande haben drei große Biermarken: Amstel (seit 1870 gebraut und nach dem Fluss benannt), Heineken (seit 1873 gebraut, gegründet in Amsterdam) und Grolsch, das seit 1615 in der Stadt Grolle (heute Groenlo) im Osten des Landes gebraut wird. Neben diesen untergärigen Lagerbieren wird in den Niederlanden noch *witbier* hergestellt: ein helles, obergäriges, süßlich schmeckendes Bier. Alle Sorten werden mit Schaum serviert, der den Geschmack, ähnlich wie die *Crema* beim Espresso, noch verbessern soll.

Der Ursprung des Jenever

Der Jenever wurde im Mittelalter von Sylvius de Bouve, Professor der Chemie an der Universität Leiden, erfunden. Er fügte destilliertem Alkohol Wacholderbeeren hinzu, denen man gesundheitsfördernde Kräfte zusprach. 1595 bot er das gesunde Elixier zunächst unter dem Namen Genova zum Einreiben bei Rückenschmerzen an. Ende des 17. Jahrhunderts exportierten die Niederländer da-

DER NÖRDLICHE GRACHTENGÜRTEL

von mehr als 45 Millionen Liter. Jenever-Destillerien schossen aus dem Boden und überall in Amsterdam eröffneten *proeflokalen* (Probierlokale). Einige servieren bis heute eine Auswahl, darunter der aromatische *Bessen Jenever* (Beerenjenever). Diese Lokale öffnen in der Regel nachmittags und schließen gegen 20 Uhr. Grob lässt sich der Jenever in drei Reifegruppen einteilen: *jong* (jung), *oud* (alt) und *zeer oud* (sehr alt) – je älter, desto weicher und milder. Ein alter Jenever enthält mehr sogenannten Malzwein, während junger Jenever durch neuere Destillationsmethoden hergestellt wird und mehr neutralen Getreidealkohol enthält. Einen *kopstoot* (Schlag auf den Kopf) nennt man das Trinken von Jenever in Kombination mit Bier – eine weitere niederländische Spezialität. Na dann: *Proost!*

NICHT VERPASSEN

Wynand Fockink *(www. wynand-fockink.nl)*, in einer kleinen Seitengasse vom Dam (Pijlsteeg 31) gelegen, ist das urigste *proeflokaal* (Probierlokal) Amsterdams. Seit 1679 gibt es dort höchst ausgefallene, zum Teil direkt vor Ort hergestellte Likör- und Jenever-Spezialitäten. Die Getränkeliste liest sich wunderbar: »Nackter Bauchnabel« (für werdende Mütter), »Brauttränen« (traditionell serviert nach der Hochzeitszeremonie, als das Rathaus noch am Dam lag) und »Venuslotion« (aphrodisisch!).

Jenever-Ausschank im Amsterdamer Probierlokal De Drie Fleschjes (Die drei Fläschchen).

Kulinarische Köstlichkeiten

Die Niederländer sind nicht unbedingt berühmt für kulinarische Raffinesse.
Eine typische Mahlzeit besteht vielmehr aus eher schlichter »Hausmannskost«,
die vor allem sättigen soll. Dennoch lohnt es sich, bei einem Besuch Amsterdams
die dortigen Spezialitäten zu kosten.

■ PANNENKOEKEN

Eine Reise nach Amsterdam wäre nicht
komplett, ohne einen Pfannkuchen
probiert zu haben. Ungewöhnlich, aber
erstaunlich lecker ist die Kombination
von Käse, Schinken und – *stroop* (Sirup).

**Großzügig mit Sahne serviert man den
Apfelkuchen in den Niederlanden.**

Man bekommt fast überall Pfannkuchen, am besten schmecken sie jedoch
in der in einem Lagerhaus aus dem
17. Jahrhundert untergebrachten
Pancake Bakery *(Prinsengracht 191,
Tel. 020 625 1333, €)* nahe dem **Anne
Frank Huis** (siehe S. 118–121).
Ebenfalls sehr lecker: *Poffertjes* – eine
kleine und weiche Pfannkuchenvarian-
te, die man noch warm und mit
Puderzucker bestreut serviert.

■ APPELTART

Apfelkuchen gibt es nicht nur in den
Niederlanden, aber hier versteht man
seit Jahrhunderten, ihn besonders gut
zu backen. Die meisten Cafés servieren
ihn, aber besonders lecker, mit viel Zimt
sowie mit einer großzügigen Portion
Schlagsahne bekommt man ihn im
Winkel 43 *(Noordermarkt 43, Tel.
020 623 0223, €)*, an der Ecke Noordermarkt und Westerstraat im
Jordaan-Viertel.

Rijsttafel

Die indonesische Reistafel schaffte den weiten Weg von der ehemaligen Kolonie in die niederländische Küche. Die exotische Spezialität besteht aus einer köstlichen Vielzahl würziger Speisen, die man mit Reis serviert. Kosten kann man sie im traditionellen **Tempo Doeloe** (*Utrechtsestraat 75, Tel. 020 625 6718, €€€*) im Nieuwe-Zijde-Viertel oder im moderneren **Kantijl & De Tijger** (*Spuistraat 291–293, Tel. 020 620 0994, €€€*) im Jodenbuurt-Viertel.

Drop (Lakritz)

Die Niederländer essen mehr Lakritz als jede andere Nation, und zwar in allen Formen und Größen und in zwei Hauptgeschmacksrichtungen: *zoet* (süß) und *zout* (salzig). Sehr lecker und wohltuend bei einem rauen Hals. Eine riesige Auswahl bietet **Jacob Hooy & Co.** (siehe S. 69–70) im Oude-Zijde-Viertel – seit dem 18. Jahrhundert ein Kräuter- und Gewürzladen, heute eine Apotheke des 21. Jahrhunderts.

Erwtensoep (Erbsensuppe)

Die extrem dickflüssige Suppe ist superlecker. Auch als *snert* bekannt, isst man sie vor allem im Winter, zumeist mit Roggenbrot und Speck. Der Löffel sollte aufrecht darin stehen bleiben! *Erwtensoep* und andere typisch niederländische Gerichte wie *hutspot* und *bitterballen* (siehe unten und S. 126) serviert **The Pantry** (*Leidsekruisstraat 21, Tel. 020 620 0922, €–€€*) im südlichen Grachtengürtel.

Hutspot

Die Zubereitung von *hutspot* – Eintopf – soll auf einem Rezept beruhen, das fliehende spanische Soldaten bei der Befreiung der Stadt Leiden 1574 während des Achtzigjährigen Krieges zurückließen. Die Zutaten waren gestampfte Kartoffeln, Karotten und Zwiebeln. *Stamppot* ist eine Variante mit *rookworst* (Räucherwurst) oder *spek* (Speck) und häufig auch *boerenkool* (Grünkohl). Diese überaus herzhaften Gerichte, die The Pantry (siehe oben) serviert, wärmen während der kalten niederländischen Winter.

DER NÖRDLICHE GRACHTENGÜRTEL

Wände voller Käse in De Kaaskamer im Neun-Straßen-Viertel des südlichen Grachtengürtels.

■ BITTERBALLEN

Diese frittierten Fleischbällchen (die trotz ihres Namens keineswegs bitter schmecken) bekommt man als typischen niederländischen Snack überall, häufig auch als herzhaften Imbiss zu alkoholischen Getränken. Es gibt sie in allen Bruinen Cafés (siehe S. 81) der Stadt. Aber Vorsicht: Sie können gefährlich heiß serviert werden!

■ KAAS

Jeder Niederländer verspeist pro Kopf rund 14 Kilo Käse im Jahr. Oft dient ein Käsebrot auch als Mittagsmahl, das mit einem Glas Milch heruntergespült wird. Edamer und Gouda – beide nach niederländischen Städten benannt – sind die beliebtesten Sorten. Doch bei einem Besuch von **De Kaaskamer** (*Runstraat 7, Tel. 020 623 3483*) im Südlichen Grachtengürtel gehen dem Kunden angesichts der überwältigenden Vielzahl an Sorten und Geschmacksrichtungen die Augen über. Unbedingt probieren: das Baguette der Woche! Diverse Käsesorten kann man auch auf den Bio- und Bauernmärkten kostenlos probieren.

■ STROOPWAFEL

Das Rezept für dieses köstlich nach Karamell schmeckende und mit Sirup gefüllte Gebäck kommt aus der Stadt Gouda, die auch für ihren Käse berühmt ist. Handgemachte, frisch gebackene und daher besonders gut schmeckende *stroopwafel* gibt es auf dem **Albert Cuypmarkt** (siehe S. 156) im De-Pijp-Viertel. Ein weiteres köstliches Gebäck ist *speculaas* – knuspriger Spekulatius mit Pfeffer, Zimt, Ingwer, Nelken, Kardamom und Muskatnuss. Er wird nur Anfang Dezember um den Nikolaustag *(Sinterklaas)* herum gebacken, man bekommt ihn aber in jedem Supermarkt.

■ OLIEBOLLEN

In heißem Öl ausgebackene Teigklößchen, die häufig mit Rosinen und Äpfeln gefüllt sind und mit Puderzucker bestäubt werden. Gewöhnlich isst man sie zu Silvester, aber viele Bäckereien bieten sie den ganzen Winter über an. Man findet sie auch auf Jahrmärkten und an Straßenständen. In den Niederlanden ist dieses Gebäck seit Jahrhunderten beliebt – Grund genug, es einmal zu probieren.

■ HARING

Die Niederländer lieben Fisch, vor allem gesalzenen Hering, den sie an Straßenständen mit rohen, klein geschnittenen Zwiebeln und sauren Gurken verkaufen. Man legt den Kopf in den Nacken, hält sich den Hering von oben in den Mund und beißt ab.

Hollandse Nieuwe – so nennen Niederländer jungen Hering, serviert mit Gurke und Zwiebeln.

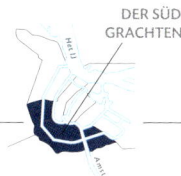

Der südliche Grachtengürtel

Der südliche Abschnitt des Grachtengürtels wurde im 17. Jahrhundert angelegt. Wie ein Spinnennetz umgeben Herengracht, Keizersgracht und Prinsengracht den mittelalterlichen Stadtkern. Die an den Begriffen Herr, Kaiser und Prinz ausgerichtete Benennung der Grachten verweist ebenso auf den Reichtum der Gründungszeit wie die Fassaden der Häuser, die sie säumen. Viele der künstlich angelegten Wasserläufe wurden zu Beginn des 20. Jahrhunderts zugeschüttet, aber die Leidsegracht und Reguliersgracht blieben in ihrer ganzen Pracht erhalten und machen den Reiz dieses Stadtteils aus. Zudem bieten sich hier großartige Einkaufsmöglichkeiten – ob nun im Spiegelkwartier mit seinen Antiquitäten und Kunstgegenständen oder in den vielen Fachgeschäften in den De Negen Straatjes.

130 Stadtviertel-Tour

140 Im Detail:
    Museum van Loon

142 Typisch Amsterdam:
    Tulpen

144 Best of:
    Die Grachten

◁ **Die Singel, ursprünglich ein Befestigungsgraben, bildet die innerste Gracht um den mittelalterlichen Stadtkern.**

⓫ Woonbootmuseum

(siehe S. 139) **Die Tour endet auf einem Hausboot, auf dem man alles über das Leben auf Amsterdams Grachten erfährt.**

⓾ De Negen Straatjes

(siehe S. 138–139) **Es lohnt sich, einen Blick in einige der Boutiquen in diesem Netz enger Einkaufsstraßen zu werfen. Von hier aus zur Prinsengracht, südlich der Berenstraat.**

❾ Kattenkabinet

(siehe S. 137–138) **Das einem roten Kater gewidmete Museum im zweiten Stock des Hauses in der Herengracht 497 besuchen. Dann durch die Herengracht weiter nach Norden.**

❽ Spiegelkwartier

(siehe S. 136) **Zwischen den Grachten an der Nieuwe Spiegelstraat und Kerkstraat finden sich alle Arten von Antiquitäten und Kunstge-genständen. Der Nieuwe Spiegelstraat bis zur Heren-gracht folgen.**

❼ Museum van Loon

(siehe S. 140–141) **Das elegante Heim einer einflussreichen Amsterdamer Kaufmannsfamilie besichtigen. Dann durch die Vijzelstraat nach Süden und rechts in die Kerkstraat.**

**DER SÜDLICHE GRACHTENGÜRTEL   STRECKE: ETWA 5 KM
DAUER: ETWA 8 STD.   START: KERKSTRAAT/FLUSS AMSTEL**

(Kartenbeschriftungen:) RAADHUIS STRAAT · Keizersgracht · HERENGRACHT · SINGEL · DAM · HARTEN-STRAAT · PALEISSTRAAT · DAMSTRAAT · REE STR. · Prinsengracht · Singel · SPUI STRAAT · **De Negen Straatjes** ⓾ · PRINSENGRACHT · NES · KEIZERSGRACHT · OUDE SPIEGEL-STRAAT · VLIEGENSTEEG · ROKIN · **Woonbootmuseum** ⓫ · SINGEL · HUIDEN STR. · 0 200 Meter · 0 200 yards · LEIDSEGRACHT · Heren · KONINGSPLEIN · Singel · REGULIER-BREE STR. · Keizersgracht · HERENGRACHT · gracht · LEIDSE STRAAT · Leidse- · **Kattenkabinet** ❾ · VIJZELSTRAAT · gracht · KEIZERSGRACHT · Gouden Bocht · KERKSTRAAT · NIEUWE SPIEGEL STR. · **Foam Museum** ❻ · LEIDSE-PLEIN · KLEINE GARTMAN-PLANTSOEN · Prinsengracht · PRINSENGRACHT · Keizers- · **Spiegelkwartier** ❽ · KERK-STRAAT · **Museum van Loon** ❼ · PRINSEN-GRACHT · SPIEGEL-GRACHT · WETERING-STRAAT · PRINSEN-GRACHT · Prinsengracht · GRACHT · NIEUWE LOOIERS S

(Seitenleiste links:) DER SÜDLICHE GRACHTENGÜRTEL

Der südliche Grachtengürtel

Der Gang durch die Heren-, Keizers- und Prinsengracht führt zu verschwenderischen Interieurs, skurrilen Museen und einem luxuriösen Shopping-Paradies.

❶ Magere Brug
(siehe S. 132) **Den Startpunkt zur Erkundung des südlichen Grachtengürtels bildet eine von Amsterdams berühmtesten Brücken – die Magere Brug. Von der Kerkstraat geht es über sie hinweg nach Norden an der Amstel entlang.**

❷ Hermitage Amsterdam
(siehe S. 132–133) **Liebesgrüße aus ... nein, nicht aus Moskau, sondern St. Petersburg. Aus dem dortigen Mutterhaus stammen die Leihgaben für die Amsterdamer Eremitage. Von hier weiter nach Norden über die Brücke am Waterlooplein.**

❸ Museum Willet-Holthuysen
(siehe S. 133–134) **Die Route führt über das Westufer der Amstel zur Herengracht, wo das außergewöhnliche Grachtenhaus Nr. 606 verrät, wie reiche Familien früher lebten. Danach weiter durch die Herengracht.**

❹ Tassenmuseum Hendrikje (siehe S. 134)
In der Herengracht 573 kommen vor allem Handtaschen-Fans auf ihre Kosten. Anschließend nach Osten zur Reguliersgracht.

❺ Reguliersgracht
(siehe S. 135) **Bei einem Stopp die berühmten sieben Brücken über die Reguliersgracht zählen. Von hier aus nach rechts entlang der Keizersgracht.**

❻ Foam Museum
(siehe S. 135) **Das in einem hübschen Grachtenhaus untergebrachte Fotomuseum bietet wechselnde Ausstellungen. Über die Brücke an der Vijzelstraat auf die andere Grachtenseite.**

DER SÜDLICHE GRACHTENGÜRTEL

CLEVER **REISEN**

Wer alle Sehenswürdigkeiten dieser Tour auf dem Wasserweg erreichen will, sollte sich ein Tagesticket für den **Canal Bus** *(www.canal.nl, Tel. 020 625 3035)* kaufen. Die Boote verkehren auf vier Linien, von denen die grüne (green line) für den südlichen Grachtengürtel am geeignetsten ist. Sie führt durch die Herengracht und bietet den Sieben-Brücken-Blick. Zu Fuß kann man sich gut an den Grachten orientieren, auch wenn einige Kreuzungen sehr ähnlich aussehen.

Magere Brug

1 Die an der Kerkstraat über die Amstel führende, schmale Brücke besteht ausschließlich aus Holz. Sie wird nur von Radfahrern und Fußgängern benutzt. Es handelt sich um eine Zugbrücke, die mehrmals täglich in der Mitte aufgeklappt wird, um größere Boote passieren zu lassen. Ihr Name »Magere Brücke« geht auf die erste, längst ersetzte Konstruktion dieses Flussübergangs zurück. Diese, so heißt es, soll 1691 auf Betreiben von zwei Schwestern errichtet worden sein, die auf den gegenüberliegenden Uferseiten lebten und es beschwerlich fanden, sich zu besuchen. Aus Geldmangel wurde allerdings nur ein sehr schmaler Überweg gebaut. Im Lauf der Zeit wurde die Brücke größer, aber der Name blieb.

Amstel 81, 1018 EK • Metro: Waterlooplein • Tram: 4

Hermitage Amsterdam

2 Die Amsterdamer Eremitage residiert im früheren Amstelhof: einem vormals als Altersheim genutzten, 1681 errichteten Gebäude mit einer klassizistischen Fassade. Das Haus beherbergt zwei Dauerausstellungen: Die eine zu den niederländisch-russischen Beziehungen, die andere zur Geschichte und Umgestaltung des Amstelhofes zum Museum.

Den Höhepunkt eines Besuchs bilden jedoch die Sonderausstellungen mit herausragenden Exponaten aus den unerschöpflichen Schätzen des Mutterhauses in St. Petersburg. So gab es z. B. Ausstellungen zum Leben im zaristischen Russland, zur Malerei flämischer Meister oder zum französischen Impressionismus und Post-Impressionismus. Besucher erhalten auch Gelegenheit, sich auf eine virtuelle Tour durch die Galerien der St. Petersburger

Eremitage zu begeben. Die Amsterdamer Dependance verfügt
zudem über eine eigene Kinderabteilung.

Amstel 51, 1018 EJ • www.hermitage.nl • Tel. 020 530 7488 • €€€€ • geschlossen:
27. April (Königstag) und 25. Dez. • Metro: Waterlooplein • Tram: 9, 14

Museum Willet-Holthuysen

3 Drei Etagen dieser früheren Patriziervilla auf der Nordseite der
Herengracht sind der Öffentlichkeit zugänglich und gewähren
einen Einblick in die opulenten Wohnverhältnisse reicher Amsterdamer im 19. Jahrhundert. Das um 1685 für Bürgermeister Jacob
Hop erbaute Haus wurde 1850 von der Familie Willet-Holthuysen
gekauft. Abraham Willet war ein Bonvivant und wohlhabender
Kunstsammler. Viele Stücke seiner Sammlung hängen in der Villa,
die seine Gemahlin Louisa Holthuysen im Stil Ludwig XVI. in einer
typischen Mischung aus Elementen des Rokoko und des Neoklas-
sizismus einrichtete. Im Jahr 1889 vermachte die Familie das Haus

DER SÜDLICHE GRACHTENGÜRTEL

Die Sonderausstellungen in der Hermitage Amsterdam wechseln alle sechs Monate.

Die Rokoko-Möbel tragen zum luxuriösen Ambiente im Museum Willet-Holthuysen bei.

und dessen Einrichtung der Stadt. Am Eingang im Souterrain sieht man zunächst die Küche. Das **Blaue Zimmer** im Erdgeschoss verdankt seinen Namen den indigoblauen Wänden. Von einem roten Salon im ersten Stock hat man einen schönen Blick auf den hübschen, im französischen Stil angelegten Garten.

Herengracht 605, 1001 AC • www.willet holthuysen.nl • Tel. 020 523 1822 • €€ • geschlossen: 1. Jan., 27. April (Königstag) und 25. Dez • Metro: Waterlooplein • Tram: 4, 9, 14

Tassenmuseum Hendrikje

4 Das in seiner Art weltweit einzigartige Museum in der Herengracht 573 verfügt über eine Sammlung von mehr als 4000 Taschen – vom Mittelalter bis zum heutigen Tag. Die Ausstellung – die vor allem niederländische und andere europäische, aber auch exotische Exponate umfasst – ist das Lebenswerk von Hendrikje Ivo. Alles begann damit, dass sie im englischen Norwich eine aus dem 19. Jahrhundert stammende Tasche mit einer Abdeckung aus Schildpatt mit Perlmutt-Applikationen kaufte, die ihre Sammelleidenschaft erweckte. Ursprünglich eröffnete Ivo ihr Museum in ihrer Heimatstadt Amstelveen, zog damit aber nach Amsterdam um, als dort das jetzige Gebäude zum Verkauf stand. Die chronologisch angeordneten Stücke werden zusammen mit Erläuterungen zum kulturellen Kontext auf drei Etagen dargeboten. Allein das 1664 erbaute Haus ist den Besuch wert. Die elegant eingerichteten Räume haben Deckenfresken und Kaminumrandungen aus dem 17. und 18. Jahrhundert.

Herengracht 573, 1017 CD • www.tassenmuseum.nl • Tel. 020 524 6452 • €€–€€€ • geschlossen: 1. Jan., 27. April (Königstag) und 25. Dez. • Tram: 4, 9, 14

Reguliersgracht

5 Die Reguliersgracht gehört zu den Querverbindungen, die zu Beginn des 20. Jahrhunderts im Zuge von Baumaßnahmen davor bewahrt wurden, zugeschüttet zu werden. Blickt man von der Brücke, wo sich die Reguliersgracht und die **Herengracht** kreuzen, nach Süden, erkennt man mehrere weitere Brücken. In der Ferne mögen sie schwer zu unterscheiden sein, aber insgesamt sind es sieben: die, auf der man selbst steht, zwei an der **Keizersgracht,** eine an der **Kerkstraat,** zwei an der **Prinsengracht** und eine an der **Lijnbaansgracht.** Den besten Sieben-Brücken-Blick hat man vom Wasser aus auf einem Canal Bus (siehe S. 132 und 145).

Herengracht 536 • Metro: Waterlooplein • Tram: 4, 9, 14

Foam Museum

6 Das Fotomuseum an der Keizersgracht zeigt auf jeder seiner vier Etagen jeweils unabhängig eine Ausstellung. Zum einen erhalten hier Talente die Chance, ihre Arbeiten zu präsentieren, zum anderen werden jedes Jahr die Bilder von vier weltberühmten Fotografen in einer Werkschau ausgestellt. So gab es z. B. Retrospektiven zu Henri Cartier-Bresson, dem Gründer der Fotoagentur Magnum, sowie zum Mode- und Porträtfotografen Richard Avedon. Auch unter architektonischen Gesichtspunkten lohnt sich der Besuch des im 17. Jahrhundert erbauten Museums, das mit seinen großen wie kleinen Räumen, verglasten Korridoren und Wendeltreppen ein beeindruckendes Beispiel für modernes Galerie-Design liefert. Auf der gegenüberliegenden Seite der Keizersgracht befindet sich das **Museum van Loon.**

Keizersgracht 609, 1017 DS • www.foam.org • Tel. 020 551 6500 • €€ • geschl.: 27. April (Königstag) • Tram: 4, 16, 24, 25

HINTERGRUND

Im südlichen Grachtengürtel fallen die unterschiedlichen Giebel ins Auge, die zum architektonischen Charme Amsterdams beitragen. Im Wesentlichen unterscheidet man drei Grundformen: den Treppengiebel (Ende 16. bis Mitte 17. Jahrhundert), den Halsgiebel (1640–1780) und den Glockengiebel (1660–1790). Die beiden Letztgenannten haben oft aufwendige Verzierungen, die den Dachfirst verbergen. Fassaden aus der Zeit Mitte bis Ende des 17. Jahrhunderts weisen häufig auch einen halbrunden oder dreieckigen Giebelabschluss auf.

Museum van Loon

7 Siehe S. 140–141.

Keizersgracht 672, 1017 ET • www.museumvanloon.nl • Tel. 020 624 5255 •
€€ • geschlossen: Di., 1. Jan., 27. April (Königstag) und 25. Dez. • Tram: 16, 24, 25

Spiegelkwartier

8 Das »Spiegelviertel« erstreckt sich von der **Spiegelgracht**
entlang der **Nieuwe Spiegelstraat** bis hin zur **Herengracht.**
Auf diesen Bereich konzentriert, gibt es mehr als 80 Antiquitätenge-
schäfte und Kunsthandlungen, die exklusive Bilder, Möbel, Glas und
Keramik anbieten. Zu den faszinierendsten Anlaufpunkten zählt

Eduard Kramer hat sich nicht nur auf Delfter Blau spezialisiert, sondern bietet antike Fliesen aus aller Welt an.

Meulendijks & Schuil (*Nieuwe Spiegelstraat 45a*) – ein Geschäft mit einem unglaublichen Angebot an alten Uhren, Globen, nautischen Navigationsinstrumenten, Modell-eisenbahnen, Spielen, Teleskopen, Schiffsmodellen und riesigen, maßstabsgetreuen Flugzeugmodellen, die an der Decke hängen. Zu den Spezialisten für antike Möbel und Delfter Keramik zählen **Aronson Antiquairs** (*Nieuwe Spiegelstraat 39*) und **Eduard Kramer** (*Nieuwe Spiegel-straat 64*). Kunstinteressierte können bei **Salomon Lilian** (*Spiegelgracht 5*) niederländische und flämische Gemälde aus dem 17. Jahrhundert oder bei **E. H. Ariëns Kappers** (*Prinsengracht 677*) Originaldrucke z. B. von Hieronymus Bosch und Rembrandt erstehen.

Nieuwe Spiegelstraat, 1017 DC • Tram: 1, 2, 5

Das Katzenkabinett befindet sich in der zweiten Etage eines Patrizierhauses. Die zeitgenössisch eleganten Räume beeindrucken mit ihren Holzvertäfelungen.

Kattenkabinet

9 In dem exzentrischen Museum dreht sich alles um das Thema Katze. Gewidmet ist es einem Kater, der dem Besitzer fast 20 Jahre lang ein treuer Begleiter war. Die außergewöhnliche Sammlung von Katzendarstellungen in Form von Zeichnungen, Gemälden und Skulpturen umfasst u. a. Werke von Picasso, Rembrandt und Toulouse-Lautrec. Zudem erhält man durch einen Besuch des Katzenkabinetts die Gelegenheit, sich eines der wundervollen Grachtenhäuser an der **Gouden Bocht** (Goldener Bogen) der Herengracht zwischen Vijzelstraat und Leidsestraat genauer anzusehen.

Schon an den faszinierenden, neoklassizistischen Fassaden kann man erkennen, dass die Gebäude hier keine einfachen, kleinen Stadthäuser aus dem 17. Jahrhundert sind, sondern imposante

Villen, die auf den Status ihrer einstigen Besitzer verweisen. Heutzutage werden diese Häuser entweder von Privatleuten bewohnt oder beherbergen Banken, Versicherungen oder Konsulate.

Herengracht 497, 1017 BT • www.kattenkabinet.nl • Tel. 020 626 9040 • €€ • geschlossen: 1. Jan., 27. April (Königstag) und 25., 26 und 31. Dez. • Tram: 1, 2, 5, 25

De Negen Straatjes

10 Es macht Spaß, sich in De Negen Straatjes umzusehen: neun enge Straßen, die rechtwinklig zu den großen Kanälen zwischen der Leidsegracht und dem Westermarkt verlaufen. Von Süden nach Norden heißen sie Wijde Heisteeg, Huidenstraat und Runstraat; dann folgen Oude Spiegelstraat, Wolvenstraat und Berenstraat; schließlich Gasthuismolensteeg, Hartenstraat und Reestraat. Die »Sträßchen« sind bekannt wegen ihrer vielen unabhängigen Läden

Fans von Vintage-Bekleidung probieren bei Laura Dols Hüte aus den 1970er-Jahren an.

mit einem breiten Angebot an modernem Design und Kunsthandwerk. **Beauregard** *(Runstraat 29)* hat sich auf Accessoires spezialisiert – Handtaschen, Gürtel und Schmuck von verschiedenen europäischen Designern. Vor Ort handgefertigte und innerhalb von 24 Stunden auch individuell komponierte Naturseifen bietet **La Savonnerie** *(Prinsengracht 294)*. **Laura Dols Vintage Clothing** *(Wolvenstraat 7)* verfügt in Amsterdam über das größte Angebot an Bekleidung, Schuhen und Handtaschen aus vergangenen Jahrzehnten. **Pontifex** *(Reestraat 20)* ist ein traditioneller Kerzenladen. Daneben befindet sich Kramer – eine Puppenklinik sowohl für antike als auch moderne Puppen und Teddys. Im Schaufenster von **Terra** *(Reestraat 21)* wird Handwerkskunst aus verschiedenen Regionen Spaniens präsentiert – vor allem Töpferwaren und Schuhe. Will man vom Nieuwe-Zijde-Viertel aus in das Einkaufsparadies eintauchen, empfiehlt es sich, den Weg durch die pittoreske Gasse Heisteeg zu wählen, die durch die Häuser am Spui über die Singel zur Wijde Heisteeg führt.

www.theninestreets.com • Tram: 13, 14, 17

GUT **ESSEN**

■ **CAFÉ AMERICAIN**
Im Art-déco-Ambiente des Hotelrestaurants serviert man europäische Küche wie französische Zwiebelsuppe, Pilzrisotto mit Spargel oder Bayrische Creme mit Kirschen. **Amsterdam American Hotel, Leidsekade 97, 1017 PN, Tel. 020 556 3000, €€€**

■ **ENVY**
Das minimalistische Design, das schicke Publikum und die hochwertigen Zutaten verlocken zum Lunch oder Dinner (Verkostungsmenü). **Prinsengracht 381, 1016 HL, Tel. 020 344 6407, €€**

■ **T'KUYLTJE**
Für die opulent belegten Brötchen *(broodjes)* stehen die Leute vor dem schlichten Imbiss nahe der Paleisstraat Schlange. **Gasthuismolensteeg 9, 1016 AM, Tel. 020 620 1045, €**

Woonbootmuseum

11 Die *Hendrika Maria* ist ein umgebautes Frachtschiff, das 1913 vom Stapel lief und seit 1997 als Hausboot-Museum dient. An Bord dieses Hausbootmuseums erfährt man anhand von Diashows, Alben und Büchern, was es bedeutet, ein Schiff zu kaufen, es zu unterhalten und in eine gemütliche Wohnung zu verwandeln, um dann sein Leben auf dem Wasser zu verbringen.

Prinsengracht 296K, 1016 HW • www.houseboatmuseum.nl • €• geschlossen: 1. Jan., 27. April (Königstag) sowie 25., 26. und 31. Dez. • Tram: 1, 13

Museum van Loon

Nur einen Steinwurf von der Gouden Bocht entfernt, symbolisiert das Haus in der Keizersgracht 672 die Pracht des Goldenen Zeitalters.

Das Gartenzimmer mit den Terrassentüren öffnet sich zur Rokoko-Gartenanlage.

Der Name des Museums stammt von der wohlhabenden Familie van Loon, der das Anwesen seit über 100 Jahren noch immer gehört. Das Haus zählt zu den prächtigsten Grachtenvillen, die man in Amsterdam besichtigen kann. Sie wurde 1672 von dem Architekten Adriaan Dortsman entworfen. Der erste Mieter war der Maler Ferdinand Bol, einer von Rembrandts bekannteren Schülern. Das Haus gelangte 1884 in den Besitz der van Loons, als Hendrik van Loon es als Hochzeitsgeschenk für seinen Sohn Willem kaufte.

■ Ausstattung und Einrichtung

Die Villa vermittelt einen lebendigen Eindruck von dem Überfluss, in dem viele Amsterdamer, die es im 17. und 18. Jahrhundert zu etwas gebracht hatten, schwelgten. Sei es im **Blauen** oder im **Roten Salon,** in die man durch den großen Treppenaufgang gelangt, oder in einem der Schlafgemächer: Überall erkennt man die unterschiedlichen Epochenstile, die das Haus im Laufe der Jahrzehnte geprägt haben – bemalte Holzvertäfelungen, Stuckarbeiten, diverse Stilrichtungen bei den Möbeln und Tapeten. Das Haus verfügt über imposante Kamine, kunstvolle Spiegel, Porzellanvasen und -teller, Tafelsilber und Lüster. Zu den schönsten Räumen gehört das **Gartenzimmer** mit dem Messingofen in der Feuerstelle. Zu verschiedenen Anlässen im Jahr zeigt das Museum Kunstausstellungen, die zum Stil des Hauses passen.

■ Familienporträts

Bei der Besichtigung beachte man die mehr als 80 Porträts der van Loons, die an zahlreichen Wänden des Museums platziert sind. Die reiche und einflussreiche Familie stammte

NICHT VERPASSEN

Beim Besuch des Kutschenhauses sollte man nicht die Gelegenheit verpassen, sich den herrlich gepflegten Garten mit seinen geometrisch angelegten Hecken und der Sonnenuhr anzusehen. Am **Open Garden Days** *(drittes Wochenende im Juni, www.opengardendays.nl)* kann man auch andere Nachbargärten besichtigen.

ursprünglich aus Loon op Zand in der niederländischen Provinz Nordbrabant. Der Familienpatriarch Willem van Loon war Kaufmann und gründete 1602 die Niederländische Ostindien-Kompanie. Sein Enkel wurde als erster van Loon Bürgermeister von Amsterdam.

■ Das Kutschenhaus

Viele Anwesen in dem Viertel hatten früher ein eigenes Kutschenhaus. Heute jedoch ist das Kutschenhaus des Museums das einzige in Amsterdam erhaltene. Es liegt im hinteren Teil des Gartens, der Zugang für Pferde befand sich in der Kerkstraat. Die Fassade wurde wie ein griechischer Tempel gestaltet. Im Inneren ist nun ein kleines Café, in dem auch ein Video über das Haus gezeigt wird.

Keizersgracht 672, 1017 ET • www.museumvanloon.nl • Tel. 020 624 5255 • €€ ; geführte Touren €€€€ (Reservierung notwendig) • geschlossen: Di., 1. Jan., 27. April (Königstag) und 25. Dez. • Tram: 16, 24, 25

Tulpen

Sie sind ebenso typisch für die Niederlande wie Windmühlen oder Holzschuhe, und sie spielen eine wichtige Rolle für die Wirtschaft des Landes –
Tulpen. Davon produziert der weltweit größte Exporteur von Blumen jährlich
1,7 Milliarden. Ob in großen Gartenanlagen wie in Keukenhof in der Nähe von
Lisse oder als Angebot auf Märkten: Im Frühling sorgen die Blumen mit ihren
leuchtenden Farben für ein einzigartiges Spektakel.

**Tulpen in leuchtenden Farben
auf dem Amsterdamer
Bloemenmarkt (oben).
Mit ihrer Farbenvielfalt
bereichern sie auch den Dam
am Nationalen Tulpentag
(rechts).**

Exotische Wurzeln

Viele wissen nicht, dass Tulpen ursprünglich nicht
aus den Niederlanden stammen. Sie wurden vor
mehr als 400 Jahren als exotische Kuriosität aus der
Türkei eingeführt. Als Europas erfahrenste Bota-
niker gelang es den Niederländern schnell, Tulpen
im eigenen Land heimisch zu machen. Züchter
bemühten sich, durch Kreuzung neue Sorten zu
ziehen, um damit reiche Blumenfreunde zu begeistern. Der Besitz rarer Sorten – wie der *Semper
Augustus* und *Viceroy* – wurde zu einem Statussym-
bol für wohlhabende Kaufleute aus Amsterdam
und anderen niederländischen Städten.

Tulpenmanie

Die Niederländer galten zumeist als besonnene und
ausgeglichene Menschen, aber wenn es um Tulpen
geht, handelten sie zumindest in der Vergangenheit
völlig verrückt. In den 1630er-Jahren explodierten
plötzlich die Preise für Tulpenzwiebeln, was infame
Spekulanten auf den Plan rief. Berichten zufolge
wurde auf dem Höhepunkt der Tulpenmanie eine

Zwiebel der Sorte *Semper Augustus* für 10 000 Gulden verkauft, was damals dem Wert der teuersten Villen Amsterdams entsprach. Ein anderer Käufer veräußerte buchstäblich Haus und Hof für eine einzelne *Viceroy*-Zwiebel. Die Hysterie endete in einem Desaster. Ein Preissturz stürzte viele Tulpenspekulanten 1637 in den Ruin.

Farbenmeer

Die Faszination, die von Tulpen ausgeht, beruht vor allem auf ihren satten Farben. Auf dem Höhepunk der Saison – im April oder Mai – bilden die von Amsterdam aus in weniger als einer Stunde erreichbaren Anbaufelder ein einziges Farbenmeer. Berühmt für seine Vielfalt ist der **Keukenhof Park** *(Stationsweg 166-A, 2161 AM Lisse, www. keukenhof.com, Tel. 025 2465 555, €€€€, geöffnet: Ende März bis Ende Mai)*. Der 1949 gegründete Park rühmt sich, über den weltweit größten Blumengarten zu verfügen, in dem im Frühling sieben Millionen Tulpen blühen. Im Januar wird am jährlichen Nationalen Tulpentag auch Amsterdam ein Blumenmeer, wenn mit 200 000 Pflanzen auf dem Dam die Tulpensaison offiziell eröffnet wird.

Die Grachten

Sie sind ein Wahrzeichen Amsterdams. Es gibt hier mehr Kanäle als in Venedig und nicht weniger als 1281 Brücken. Ob vom Wasser aus betrachtet oder als Fußgänger in den Straßen, der Charme der Grachten ist untrennbar mit den Häusern, die sie säumen, und den Brücken, die sie überspannen, verbunden.

■ DIE BESTEN AUSBLICKE

Der **Sieben-Brücken-Blick** über die Reguliersgracht zählt zu Amsterdams größten Grachtenattraktionen (siehe S. 135). Man muss ein Boot wählen, das die Herengracht entlangfährt, und den richtigen Zeitpunkt abpassen, um das perfekte Foto zu schießen, wenn die Brücken hintereinander zu sehen sind.

Darüber hinaus ist nicht nur ein Überblick über den **Grachtengürtel** reizvoll, auch im mittelalterlichen Kern Amsterdams gibt es viele atmosphärisch ansprechende Kanäle. Zu ihnen zählt der am Rande des Rotlichtviertels verlaufende **Oudezijds Voorburgwal.** Den schönsten Blick auf diese älteste Gracht der Stadt, die zwischen 1342 und 1380 gebaut wurde, hat man von einer ihrer Brücken aus mit der Oude Kerk im Hintergrund.

Ein klassisches Fotomotiv ist die parallel verlaufende **Geldersekade,** aufgenommen von der Prins Hendrik-kade mit der Stadtwaage und dem Turm der Zuiderkerk dahinter. Einen der eindrucksvollsten Grachtenblicke genießt man von der kleinen, weißen Zugbrücke aus, die an der Staalstraat über den **Groenburgwal** führt.

Eine intimere Atmosphäre herrscht in den kleineren Verbindungskanälen an der **Elegantiersgracht** im Jordaan-Viertel sowie an der **Reguliersgracht** und **Leidsegracht** im südlichen Grachtengürtel.

■ DIE REICHSTEN GRACHTENVIERTEL

Die Grachten im Westen und Süd-westen markieren die teuersten und prestigeträchtigsten Viertel der Stadt. Hier stehen die meisten der prachtvollen Villen aus dem 17. Jahrhundert. Vor allem die **Gouden Bocht** (siehe S. 137) bietet mit ihrem eleganten Schwung von einer der Brücken über die Herengracht aus ein eindrucksvolles Panorama.

DER SÜDLICHE GRACHTENGÜRTEL

■ GRACHTEN BEI NACHT

Die Niederländer lieben es, Brücken nachts zu beleuchten. Sehenswert: die bogenförmigen, mit Hunderten von Glühbirnen erhellten Brücken über die **Prinsengracht** und **Keizersgracht.** Einen besonders reizvollen Anblick bietet nachts die **Magere Brug** (siehe S. 132) – ob vom Ufer oder von der benachbarten Blauwbrug aus gesehen.

■ GRACHTENFESTIVAL

Wer Amsterdam im August besucht, kann mit etwas Glück das jährliche **Grachtenfestival** *(www. grachtenfestival.nl)* miterleben. Zehn Tage lang finden vor allem auf Bühnen und in Häusern an den Grachten Konzerte sowie Opern- und Theaterdarbietungen statt.

GRACHTENFAHRT

Für den auf den Grachten verkehrenden Canal Bus (siehe S. 132) mit seinen 19 Haltestationen gibt es Tages- oder auch Mehrtagesfahrscheine, die auf allen Linien gültig sind (blue, red, green und yellow line). Andere Reedereien bieten von zentralen Anlegestellen aus Rundfahrten an, zum Beispiel **Lovers** an der Centraal Station *(Tel. 020 530 1090)*, **Rederij Plas** am Damrak *(Tel. 020 624 5406)* und **Rederij Kooij** am Rokin *(Tel. 020 623 3810)*.

1200 Glühbirnen beleuchten nachts eindrucksvoll die Magere Brug in Amsterdam.

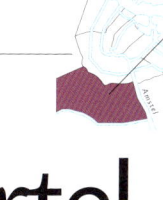

Museumsviertel & De Pijp

Die Gestaltung des Museumplein (Museumsplatz) geht auf das Ende des 19. Jahrhunderts zurück. Er markiert das Zentrum des Viertels, das drei Museen von Weltruf flankieren: das Rijksmuseum, das Van Gogh Museum und das Stedelijk Museum. In ihren Galerien sind Tausende Werke vor allem niederländischer Künstler ausgestellt. Ebenfalls in unmittelbarer Nähe liegt das Concertgebouw, Amsterdams legendärer Musentempel für klassische Konzerte. Zwischen dem Museumplein und dem weiter westlich gelegenen Vondelpark verläuft die vornehmste Einkaufsstraße der Stadt – die P. C. Hooftstraat. Einen deutlichen Kontrast zu ihr bildet das De-Pijp-Viertel weiter östlich, wo die lauten Stimmen der Händler über einen der lebendigsten Straßenmärkte Amsterdams ertönen.

148 Stadtviertel-Tour

158 Im Detail:
Rijksmuseum

162 Im Detail:
Van Gogh Museum

166 Typisch Amsterdam:
Designerlabel

168 Best of:
Ziele an Regentagen

◁ **Im Rijksmuseum ausgestellte Delfter Keramik. Die ältesten Exponate stammen aus der Mitte des 17. Jahrhunderts.**

❶ Rijksmuseum
(siehe S. 158–161) Nach der Erkundung des aufwendig renovier-
ten Museums geht es auf dessen
Rückseite zum Museumplein.

❷ Museumplein (siehe S. 150)
Der Platz mit der herrlichen Aussicht lädt
zur Erholungspause ein, danach hinüber
zum Eingang des Stedelijk Museums.

❸ Stedelijk Museum
(siehe S. 150–151) Das faszinierende
Gebäude mit der angebauten
»Badewanne« verfügt über eine
Sammlung moderner Kunst sowie
eine exzellente Design-Abteilung.
Anschließend über die belebte Van
Baerlestraat zum Concertgebouw.

❹ Concertgebouw
(siehe S. 83, 151–153) In der Konzerthalle treten die berühmtesten Dirigenten und Orchester auf. Im Foyer über
Darbietungen informieren, bevor es
zurück über den Museumplein zum
Van Gogh Museum geht.

CoBrA Museum voor
Moderne Kunst,
Amsterdamse Bos und
Electrische Museumtramlijne

❺ Van Gogh Museum (siehe S. 162–165)
Die weltweit größte Sammlung von Werken
des genialen Malers ausgiebig genießen.
Danach der Hobbemastraat bis zur P. C.
Hooftstraat folgen.

MUSEUMSVIERTEL & DE PIJP

**MUSEUMSVIERTEL & DE PIJP   STRECKE: ETWA 7 KM
DAUER: ETWA 8 STD.   START: RIJKSMUSEUM**

Museumsviertel & De Pijp

Diese Tour führt ins kulturelle Herz Amsterdams zu den weltberühmten Museen und der nicht minder renommierten Konzerthalle.

6 P. C. Hooftstraat (siehe S. 153–154)
Hier flaniert man durch die exklusivste Shoppingmeile Amsterdams, bevor es Richtung Vondelpark weitergeht.

7 Vondelpark
(siehe S. 154–155) Nach einem Besuch des beliebten Parks führt die Route über die Brücke an der Van Baerlestraat, vorbei am Concertgebouw und durch die Ruysdaelstraat zur Albert Cuypstraat.

8 Albert Cuypmarkt
(siehe S. 105, 156) Nach einem Bummel über den Straßenmarkt entweder zurück oder quer hindurch zur Ferdinand Bolstraat und dann nach Norden, bis das große Backsteingebäude der Brauerei in Sicht kommt.

9 Heineken Experience
(siehe S. 156–157) Hier erfährt man alles über die Herstellung dieser Weltmarke und beschließt die Tour mit einem kühlen Bier.

SARPHATI STRAAT
OOSTEINDE
WESTEINDE
TORONTO-BRUG

H. M. V. RANDWIJK-PLANTSOEN
Heineken Experience
Singelgracht
STADHOUDERSKADE
AMSTELDIJK

Boeren-wetering
FRANS HALS STRAAT

MARIE HEINEKEN-PLEIN

ALBERT CUYPSTRAAT
TWEEDE
JAN STEEN STR.
VAN WOUSTRACHT
CEINTUURBAAN
NIEUWE AMSTEL-BRUG

Albert Cuypmarkt
DE PIJP
Amstel

HOBBEMAKADE
RUYSDAELKADE

SARPHATI-PARK

EERSTE JAN
STEEN STR.

SARPHATI-PARK
VAN
OSTADESTRAAT
STRAAT

CEINTUURBAAN
RUSTENBURGER-
TOLSTRAAT
TOLSTRAAT

HENRICK DE KEIJSER-PLEIN
TALMASTR.
VAN WOUSTRACHT
SMARAGD-PLEIN

DE DAGERAAD
ISRAELSKADE
AMSTELKADE

HOBBEMAKADE
RUYSDAELKADE

T. S.-PLEIN
PETER LODEWIJK TRAAKSTR.
H. R.-PLEIN
JOZEF

Amstelkanaal

Rijksmuseum

1 Siehe S. 158–161.

Museumstraat 1, 1071 XX • www.rijksmuseum.nl • Tel. 020 662 1440 •
€€€€ • Tram: 2, 5, 12

Museumplein

2 Der Museumsplatz bildet nicht nur das kulturelle Herz Amsterdams, sondern ist so etwas wie der große Garten hinter dem **Rijksmuseum** (siehe S. 158–161), dem **Van Gogh Museum** (siehe S. 162–165) und dem **Stedelijk Museum** (siehe unten). Seine Anlage basiert auf den überarbeiteten Plänen des Architekten P. J. H. Cuypers, der auch das Rijksmuseum baute. Auf diesem Platz, der seinen offiziellen Namen 1903 erhielt, genießt man zwischen den Museumsbesuchen die herrliche Aussicht und gönnt sich eine Erfrischung im **Cobra Café** (*Hobbemastraat 18, www.cobracafe.nl, Tel. 020 470 0111*). Dieses sowie den benachbarten **Museum Shop** und einen unterirdischen Supermarkt mit einem Grasdach als Picknickfläche (siehe S. 17) baute der schwedische Architekt Sven-Ingvar Andersson, der 1999 auch mit der Neugestaltung des Museumsplatzes beauftragt wurde. Auf ihm versammeln sich die Amsterdamer nicht nur an Feiertagen, sondern auch bei Fußballländerspielen zum Public Viewing. Zudem gibt es hier einen Basketballplatz, ein Areal für Skater und ein flaches Wasserbecken, das im Winter als Eislaufbahn genutzt wird.

Van Baerlestraat •Tram: 2, 3, 5, 12, 16, 24

Der Blick reicht weit über den Museumplein. Auf dieser freien Wiesenfläche fand im Jahr 1883 die Weltausstellung statt. Heute grenzen drei Museen an den Platz im Herzen der Stadt: das Rijksmuseum (im Hintergrund zu sehen), das Van Gogh Museum und das Stedelijk Museum.

Stedelijk Museum

3 Amsterdams 1874 gegründetes Museum für moderne Kunst war ursprünglich im Rijksmuseum untergebracht, erhielt aber 1895 sein eigenes, von dem niederländischen Architekten Adriaan Willem Weissman im Neo-Renaissancestil gestaltetes Gebäude. Das Museum schloss zu Beginn dieses Jahrhunderts wegen Renovierungsarbeiten und einer umfangreichen Neugestaltung für neun

Farbenfroh ist das Werk des Künstlers Sol LeWitt im Stedelijk Museum für moderne und zeitgenössische Kunst.

Jahre, bevor es 2012 wiedereröffnet wurde. Seither verfügt es über einen Anbau mit dem Spitznamen **Die Badewanne**, was sich beim Besuch des Museums selbst erklärt.

Nicht nur für Freunde moderner Kunst ist der Besuch des hell und großzügig gestalteten Museums ein Muss. Die Dauerausstellung zählt zu den weltweit führenden Sammlungen ihrer Art und wird ergänzt durch skurrile Installationen sowie aktuelle Sonderausstellungen. Hier werden alle bedeutenden Entwicklungen und Künstler präsentiert, die seit Beginn des 20. Jahrhunderts Kunst und Design bestimmt haben: u. a. Werke von Marc Chagall, Wassily Kandinsky, Henri Matisse, Jackson Pollock, Karel Appel, Andy Warhol und Willem de Kooning. Faszinierend sind auch die Einblicke in das Schaffen des niederländischen Architekten H. P. Berlage sowie der berühmten amerikanischen Designer Charles und Ray Eames. Auf jeden Fall empfehlenswert ist eine Audiotour (auch auf Deutsch, 5 Euro). Ist die Zeit knapp, sollte man sich auf die Sammlung der lokalen Künstlergruppierungen De Stijl und CoBrA konzentrieren.

Museumplein 10, 1071 DJ • www.stedelijk.nl • Tel. 020 573 2911 • €€€–€€€€ • Tram: 2, 3, 5, 12

Concertgebouw

Die eindrucksvolle, neoklassizistisch gestaltete Konzerthalle wurde von dem niederländischen Architekten Adolf van Gendt

entworfen, der zusammen mit P. J. H. Cuypers auch die Pläne für die Centraal Station (siehe S. 48) erstellte. Um den steigenden Besucherzahlen gerecht zu werden, wurde das Gebäude von Pi de Bruijn um einen 1980 fertiggestellten Glasanbau ergänzt. Heute kaum noch vorstellbar, erfolgte die Grundsteinlegung 1883 am Stadtrand auf sumpfigen Grund. Rund 800 Konzerte pro Jahr machen das Haus zu einem der weltweit bedeutendsten Veranstaltungsorte für die Darbietung klassischer Musik. Hier gibt sich regelmäßig die Crème de la Crème berühmter Orchester, Dirigenten und Solisten vor einem begeisterten Publikum ein Stelldichein. Audrey Hepburn hatte sogar ein Abonnement, als sie nach dem Zweiten Weltkrieg in Amsterdam lebte.

Auch wenn der Architekt Adolf van Gendt nach Aussage seiner Familie über keinerlei musikalisches Talent verfügte, war er offensichtlich doch in der Lage, den **Grote Zaal** so zu konzipieren, dass er über eine perfekte Akustik verfügt. Neben dem Großen Saal gibt

Der Grote Zaal im Concertgebouw ist berühmt für seine hervorragende Akustik.

es mehrere kleinere, oval geformte Säle, die sich perfekt für Kammermusikabende eignen. Unbedingt zu empfehlen ist eine Stippvisite im Concertgebouw, wenn dort die großartigen Musiker des renommierten Amsterdamer Sinfonieorchesters oder des Jazz-Orchesters kostenlos 30-minütige Mittagskonzerte darbieten (Mi., 12.30 Uhr, außer Juli und Aug.). Als Alternative bietet sich sonntags eine auf Englisch gehaltene Führung durch das Haus an.

CLEVER **REISEN**

Drei große Museen an einem Tag kosten viel Zeit und Energie. Anstelle eines ausgiebigen Mittagessens empfehlen sich deshalb mehrere kurze Erholungspausen und kleinere Snacks. Alle Tourabschnitte zwischen den Museen – Museumplein, P. C. Hooftstraat, Vondelpark und Albert Cuypmarkt – bieten hierzu genügend Gelegenheiten. Dafür kann man sich bei einem anständigen Abendessen Erholung gönnen.

Concertgebouwplein 10, 1071 LN • www.concertgebouw.nl • Tel. 0900 6718345 (nur aus NL) • €€€€€ • Tram: 2, 3, 5, 12, 16, 24

Van Gogh Museum

Siehe S. 162–165.

Paulus Potterstraat 7, 1071 CX • www.vangoghmuseum.nl • Tel. 020 570 5200 • €€€€ • Tram: 2, 3, 5, 12, 16, 24

P. C. Hooftstraat

Die teuerste Einkaufsstraße Amsterdams wurde 1876 nach dem Aristokraten, Dichter und Historiker Pieter Corneliszoon Hooft benannt. Hundert Jahre lang gab es hier fortan vor allem Buchläden, Metzgereien und Lebensmittelhändler, von denen das im Viertel ansässige Großbürgertum versorgt wurde. Als die Ladeninhaber durch die ständig wachsenden Mieten vertrieben wurden, siedelten sich zu Beginn der 1980er-Jahre in dem rund 350 Meter langen Straßenabschnitt zwischen der Hobbemastraat und der Van Baerlestraat Luxusgeschäfte an. Schlendert man hier entlang, vorbei an eher deplatziert wirkenden Souvenirläden, erblickt man in den Schaufenstern berühmte Labels: **Emporio Armani** (Nr. 39–41), **Mulberry**

MUSEUMSVIERTEL & DE PIJP

GUT **ESSEN**

■ CONSERVATORIUM
Blicken, bevor man sich und seiner Kreditkarte im Vondelpark Schonung gönnt. **Van Baerlestraat 27, 1071 AN, Tel. 020 570 0000, €€€**

■ DE TAART VAN M'N TANTE
Diverse leckere Kuchensorten inmitten einer herrlich überdrehten Kitschkulisse. **Ferdinand Bolstraat 10, 1072 LJ, Tel. 020 776 4600, €**

■ THE SEAFOOD BAR
Ebenso appetitliche wie frisch zubereitete Meeresfrüchte und Fischgerichte, serviert in einem pieksauberen und freundlichen Ambiente. **Van Baerlestraat, 1071 AL, Tel. 020 670 8355, €€**

(Nr. 46), **Gucci** (Nos. 56–58), **Jimmy Choo** (Nr. 62) und noch viele andere. Aber bevor man in diesen Abschnitt der Hooftstraat einbiegt, sollte man einen Blick in G-Star (Nr. 28) werfen. Dieses niederländische Designerlabel stellt als Mischung aus Vintage- und Military-Look urbane Mode her und zählt Liv Tyler zu seinen Models. **LifeStyle** (Nr. 116) bietet umwerfende Einrichtungsartikel an, und bei **Tiffany & Co.** (Nr. 86–88). findet man Schmuck-Kollektionen, die von Paloma Picasso, der jüngsten Tochter des berühmten spanischen Malers, designt wurden. Bei einem Glas Champagner und einem Imbiss in der **Brasserie Maxime** (Nr. 63) kann man hinüber zu **Louis Vuitton** (Nr. 65) und **Chanel** (Nr. 66) blicken, bevor man sich und seiner Kreditkarte im Vondelpark Schonung gönnt.

Tram: 2, 3, 5, 12

Vondelpark

7 Der Vondelpark hat für Amsterdam dieselbe Bedeutung wie der Central Park für New York. Auch wenn mittlerweile immer mehr Einschränkungen erlassen wurden, wo man grillen oder seinen Hund ausführen darf, zieht der Park Jahr für Jahr Millionen von Menschen an – darunter Sonnenanbeter, Picknick-Freunde, Jogger, Freizeitfußballer, Inlineskater und Hundebesitzer.

Als das 48,5 Hektar große Areal 1865 eröffnet wurde, hieß es nur schlicht Nieuwe Park (Neuer Park), bevor es später nach dem berühmten Amsterdamer Schriftsteller und Dramatiker Joost van den Vondel benannt wurde. Beim Betreten des Parks sieht man einen Teich vor sich. An dessen gegenüberliegenden Seite erreicht man das **Blauwe Theehuis** (*www.blauwetheehuis.nl, Tel. 020 6620254, €*), das an eine fliegende Untertasse erinnert. Auf den Terrassen der

Der 1865 eröffnete Vondelpark zieht jedes Jahr zehn Millionen Besucher an.

1937 von den Brüdern H. A. J. und Jan Baanders erbauten Architekturikone genießen die Besucher die Sonne und bleiben bis spät in den Abend hinein. Direkt nebenan ist das **Openluchttheater** (*www.openluchttheater.nl*), eine Freilichtbühne, auf der in den Sommermonaten kostenlos Kabarett, Comedy, Musik und Tanz geboten werden. Für Eltern mit Kindern bietet sich als Ziel das **Groot Melkhuis** (*www.grootmelkhuis.nl, Tel. 020 612 9674, €*) an –ein familienfreundliches Café mit einem großen Spielplatz. Zudem befinden sich hier die einzigen frei zugänglichen Toiletten des Parks. An dessen südlichem Ende liegt das Lokal **Vondeltuin** (*www.vondeltuin.nl, Tel. 06 2756 5576 , €€*), das mit seinen rustikalen Holzbauten wie eine exotische Lodge wirkt. Zurück an der nördlichen Ecke des Parks führt der Weg vorbei am **Vondelpark Pavilion,** der zwischen 1874 und 1881 von dem Architekten W. Hamer im Renaissancestil erbaut wurde und heute den öffentlichen Sender AVRO beheimatet.

Tram: 1, 2, 3, 12

Albert Cuypmarkt

8 Die Ursprünge dieses Marktes gehen auf die Zeit zwischen 1898 und 1900 zurück. Damals wurde der Zaagmolensloot (Sägemühlengraben) aufgefüllt, um die nach Albert Cuypstraat, einem Maler des 17. Jahrhunderts, benannte Straße anzulegen. Der einstmals pittoreske, mit den Windmühlen der Sägewerksbesitzer gesäumte Wasserlauf fiel der Expansion Amsterdams zum Opfer. Schon bald tauchten hier Händler auf, um ihre Waren der neu angesiedelten Bevölkerung anzubieten. Aber erst 1905 genehmigte die Stadt, dass in der Straße samstagabends offiziell ein Markt abgehalten werden durfte. Ab 1912 fand er dann schließlich bis auf den Sonntag die ganze Woche über statt, blühte immer weiter auf und überstand auch die Wirtschaftskrise in den 1930er -ahren. Viele Jahre wurde er

jedoch erheblich davon überschattet, dass etwa ein Drittel der Händler, die Juden waren, während des Zweiten Weltkriegs deportiert wurden. Erst die dynamischen 1960er- und 1970er-Jahre belebten den Markt neu und sorgten dafür, dass er sich praktisch neu erfand. Seither kann der Besucher die lange Straße entlang an den bunten Ständen vorbeischlendern, die fröhliche, multikulturelle Atmosphäre genießen, Käse und frisch zubereitete *stroopwafels* (siehe S. 126–127) kaufen, das eindrucksvolle Stoffangebot bewundern und sich über extravagante Modeartikel amüsieren.

Albert Cuypstraat • www.albertcuypmarkt.nl • geschlossen: So. • Tram: 4, 16, 24

Als längster Straßenmarkt Amsterdams erstreckt sich der Albert Cuypmarkt im De-Pijp-Viertel über mehr als einen Kilometer. Die Angebotspalette ist groß: Zu Kaufen gibt es frisches Obst und Gemüse, Brot, Käse, Textilien und Haushaltsgegenstände.

Heineken Experience

9 Als Gerard Adriaan Heineken 1864 die Hooiberg-Brauerei am Nieuwezijds Voorburgwal kaufte, begann die Erfolgsgeschichte einer der berühmtesten Biermarken der Welt. Drei Jahre später baute Heineken am Stadhouderskade aus

Einer der Höhepunkte der Heineken-Erlebniswelt: der Raum mit den Braukesseln.

Backstein eine große Brauerei, in der die Heineken Experience, über vier Stockwerke verteilt, untergebracht ist *(letzter Einlass: 17.30 Uhr, Mo. bis Do.; 18.30 Uhr, Fr. bis Sa.)*. In dieser interaktiven Erlebniswelt kann sich der Besucher auf eine Entdeckungsreise in die Geschichte der Marke und den Prozess des Bierbrauens begeben. Man erfährt, wie die rechtlich geschützte Spezialhefe des Unternehmens von einem Schüler Louis Pasteurs entwickelt wurde, steht vor den kupfernen Braukesseln und besucht die makellos gestriegelten Brauereipferde, die – nur zu Werbezwecken – Kutschen voller Bierfässer durch die Stadt ziehen. Wer will, kann ein Video drehen, in dem man in einer Simulation selbst den Brauprozess durchläuft. Die Tour endet in der **World Bar,** in der kostenlos zwei Glas Bier ausgeschenkt werden. Ein Clou: Dort, wo man sein Glas abstellt, erscheint ein virtueller Bierdeckel. Nicht die schlechteste Art, den Tag zu beenden.

Stadhouderskade 78, 1072 AE • www.heinekenexperience.com • €€€€ • geschlossen: 1. Jan., 27. April (Königstag) und 25. Dez. • Tram: 16, 24

Rijksmuseum

Eine Renovierung über die Dauer von zehn Jahren hauchte dem berühmtesten Museum der Niederlande neues Leben ein.

Adriaen de Vries' beeindruckende Bronze des Meeresgottes Triton (ca. 1615–1618).

Das im 19. Jahrhundert von Pierre Cuypers gestaltete Museum, in dem die weltberühmte Sammlung niederländischer Kunst untergebracht ist, hat durch die Neugestaltung an Licht und Raum gewonnen. Zudem wurde die Ausstellung erweitert und neu organisiert. In 80 Sälen erhält der Besucher einen chronologischen Überblick über die niederländische Kunst und deren Einfluss: angefangen bei Jan van Scorels Maria Magdalena (1530) und Rembrandts Nachtwache bis zu den Mondrian-Kleidern des Modeschöpfers Yves Saint Laurent.

■ Atrium

Die neue Eingangshalle liefert dem Besucher im Erdgeschoss einen ersten, atemberaubenden Eindruck von der Umgestaltung des spanischen Architektenduos Cruz und Ortiz. Sie verlegten ganze Ausstellungssäle, um Innenhöfe zu schaffen, senkten Decken ab und installierten riesige lüsterähnliche Konstruktionen, um das durch das Glasdach einfallende Tageslicht zu streuen. Hier befinden sich die Ticketschalter, die Toiletten, ein Café und der Museumsladen.

■ Kunst der Renaissance

Im Erdgeschoss werden die Gemälde aus dem Mittelalter sowie der italienischen und niederländischen Renaissance präsentiert. Das Gemälde **Madonna zwischen vier Heiligen Frauen** eines Künstlers mit dem Behelfsnamen »Meister der Virgo inter Virgines« ist ebenso ein Dokument weiblicher Frömmigkeit wie auch Pietro Torrigianis Terrakotta-Büste **Maria als Mater Dolorosa** (um 1500–1510). Als keineswegs demütige, sondern kostbar gekleidete Kurtisane erweist sich die detailreich dargestellte **Maria Magdalena** Jan van Scorels. Er gilt als erster niederländischer Maler, der sich die italienische Renaissance zum Vorbild wählte.

■ Eregalerij (Ehrengalerie)

Vom Erdgeschoss geht man am besten direkt in das zweite Obergeschoss (siehe oben: Gut zu wissen). Dort widmen sich mehr als 30 Galerien dem Goldenen Zeitalter der niederländischen Kunst im 17. Jahrhundert, als die kleine Seefahrernation zu einer Weltmacht aufstieg. Die lange **Ehrengalerie** bildet das Kernstück der Ausstellung. Auf den grauen Wänden erwachen die in sanftes Licht getauchten Porträts, Stillleben und Genrebilder der flämischen und niederländischen Meister zum Leben. Hier hängen auch zwei Neuerwerbungen – Jan Steens **Der Bürger von Delft und seine Tochter** (1655) und Gerrit Berckheydes **Ansicht des Goldenen Bogens in der Herengracht** (1671–1672) – neben Frans Hals' Gemälde **Der fröhliche Zecher** (um 1628) und Pieter de Hoochs **Mutterpflichten** (um 1658) – wobei die »Pflichten«

darin bestehen, die Haare der Tochter zu entlausen.

Zu sehen gibt es auch mehrere der insgesamt nur 35 Werke von Johannes Vermeer, dessen einzigartiges Können erst im 19. Jahrhundert Anerkennung fand. Zu diesen Ausstellungsjuwelen zählt die **Dienstmagd mit dem Milchkrug** (um 1658) – ein Bild, das trotz seiner geringen Größe durch seinen Aufbau und die leuchtenden Farben fasziniert. Von Vermeer stammen auch die **Briefleserin in Blau** (1663) und die **Straße in Delft** (um 1658) – eine von nur zwei Stadtansichten dieses außergewöhnlichen Künstlers.

Das Ziel am Ende der Ehrengalerie bildet Rembrandts **Nachtwache**: jenes große und weltberühmte Gruppenporträt der Amsterdamer Schützengilde, das als einziges Gemälde seine ursprüngliche Position im Museum behalten hat. Weitere von Rembrandt ausgestellte Werke sind u. a. **Die Judenbraut** (um 1665) und das **Selbstbildnis als junger Mann** (um 1628), das mit dem im Schatten liegenden, wilden Lockenschopf einen herrlichen Kontrast zu dem späteren **Selbstporträt als Apostel Paulus** (1661) bildet.

■ 20. JAHRHUNDERT

Auch die Galerien im dritten Obergeschoss haben interessante Exponate zu bieten. Hierzu zählen die **Bantam** (1917), das älteste in den Niederlanden entwickelte Flugzeug, sowie der seltene weiße **Stuhl,** den Gerrit Rietveld 1923 designte. Zu sehen sind auch das Gemälde **The Square Man** (1951) von Karel Appel, Mitglied der CoBrA-Künstlerbewegung, und Yves Saint Laurents **Mondrian-Kleid** (1965), das im abstrakten Stil des niederländischen Künstlers Piet Mondrian bedruckt ist. Darüber hinaus werden im Wechsel Schätze der umfangreichen museumseigenen Fotosammlung aus dem 19. und 20. Jahrhundert gezeigt, darunter Arbeiten des berühmten Ungarn László Moholy-Nagy.

NICHT VERPASSEN

Im Saal 2.20, gelegen im zweiten Obergeschoss, sind Puppenhäuser aus dem 17. Jahrhundert ausgestellt, die sich einst im Besitz der wohlhabenden Amsterdamer Sammlerinnen Petronella Oortman und Petronella Dunois befanden. Es handelt sich um maßstabsgetreue Nachbildungen zeitgenössischer Stadthäuser reicher Bürger. Oortmann stattete die Puppenhäuser so aufwendig mit miniaturisierten Möbeln, Gläsern, Gemälden und Artikeln aus Silber aus, dass man für den Gegenwert ein echtes Grachtenhaus hätte bauen können.

Rembrandts »Nachtwache« – berühmt für die komplexe Gestaltung von Licht und Schatten.

■ CUYPERS BIBLIOTHEK

Vor dem Verlassen des Museums lohnt sich im ersten Obergeschoss ein Blick in die faszinierende Bibliothek. Sie wurde originalgetreu restauriert und gibt ein großartiges Beispiel für das dekorative und elegante Gestaltungskonzept des Architekten Pierre Cuypers. In dem für Besucher zugänglichen Lesesaal kann man sich auf iPads über die Kunstsammlung des Museums informieren und hat einen freien WLAN-Zugang.

■ DIE MUSEUMSGÄRTEN

Die nach den ursprünglichen Plänen von Pierre Cuypers gestalteten Museumsgärten verbinden Erholung und ästhetischen Genuss auf ideale Weise, da sich in ihnen Skulpturen internationaler Künstler und – inmitten einer Wasserfläche – der neue Asiatische Pavillon befinden. In ihm sind bis zu 4000 Jahre alte asiatische Kunstgegenstände und zwei hölzerne Tempelwächter aus dem 14. Jahrhundert ausgestellt.

Museumstraat 1, 1071 XX • www.rijksmuseum.nl • Tel. 020 662 1440 • €€€€ • Tram: 2, 5, 12

Van Gogh Museum

Mehr als 200 Gemälde und 400 Zeichnungen des berühmten Künstlers sind in dem beliebten Museum versammelt.

Zu den in der Dauerausstellung gezeigten Gemälden zählen »*Die Ernte*« und »*Sonnenblumen*«.

Ein lichtdurchflutetes Gebäude, das von dem Architekten Gerrit Rietveld entworfen wurde, beherbergt die weltweit größte Sammlung an Werken von Vincent van Gogh. Chronologisch geordnet, erzählen die Bilder im ersten Obergeschoss die Geschichte von van Goghs Leben und seiner Entwicklung als Künstler. Der Schwerpunkt ruht auf den letzten vier Jahren intensiven Schaffens, in denen seine berühmtesten Werke entstanden. Ebenfalls zu sehen sind Bilder anderer Künstler des Impressionismus und Post-Impressionismus.

■ DIE FRÜHEN JAHRE

Für van Gogh war die Kunst eine
spirituelle Berufung, die er 1880 im
Alter von 27 Jahren entdeckte. Er
betrachtete sie als Mittel, Trost in die
Welt zu tragen. Zunächst konzentrier-
te er sich darauf, Bauern bei der Arbeit
zu zeichnen. Dabei experimentierte
er mit Zeichenkohle, Bleistift und
Tinte. Bei seinen ersten Ölgemälden
beschränkte er sich auf eine dunkle
Farbpalette, wie **Die Kartoffelesser**
(1885) zeigen. Hier haben die Gesich-
ter, wie van Gogh selbst sagte, »die
Farbe einer guten, erdigen, ungeschäl-
ten Kartoffel«.

■ PARIS 1886–1888

Der Umzug nach Paris bewirkte einen
Wandel im Leben des Künstlers.
Fortan setzte er hellere Farben und
gestrichelte Pinselzüge im Stil des
Impressionismus ein: so bei seinem
Bild **Boulevard de Clichy** (1887), das
die Straße am Montmartre zeigt, in
der er wohnte. Van Gogh befreundete
sich mit anderen Künstlern und teilte
deren zeittypische Begeisterung für
japanische Holzschnitte. Außerdem
widmete er sich einem seiner Lieb-
lingsthemen – Selbstporträts. Zu
den in dieser Periode entstandenen
29 Werken gehört das **Selbstbildnis
vor der Staffelei** (1888).

■ EIN JAHR IN ARLES 1888–1889

Auf der Suche nach besserem Licht
und intensiveren Farben reiste van
Gogh im Februar 1888 in die Proven-
ce. Er traf dort bei eisigem Frost ein,
was ihn zunächst dazu zwang, nur im
Atelier zu malen, doch er stürzte sich
in die Arbeit und schuf in dieser Zeit
Hunderte von Bildern, zu denen auch
seine berühmtesten gehören. Viele
zeigen seine unmittelbare Umgebung
wie **Das gelbe Haus,** in dem er wohnte, und sein **Schlafzimmer,** andere
Frühlingsmotive und den Einfluss
japanischer Drucke, so die Bilder
Kleiner blühender Birnbaum und
Der rote Weinberg. Mit Sommerbe-
ginn malte er im Freien **Die Ernte** in
leuchtendem Gelb.

■ SONNENBLUMEN 1888

Van Gogh betrachtete und nutzte Farben emotional in ihrer symbolischen
Wirkung. Für ihn bedeutete leuchten-

MUSEUMSVIERTEL & DE PIJP

NICHT VERPASSEN

Fans sollten nicht die Gelegenheit versäumen, sich van Goghs Briefe anzusehen, die tiefe Einblicke in seine Arbeit offenbaren und ihn als kultivierten Menschen ausweisen, der die Sprache beinahe so liebte wie die Farben. Er schrieb ständig an Freunde, andere Künstler und insbesondere an seinen Bruder Theo, der ihm im Tausch gegen Bilder Geld und Farben schickte.

des Gelb Liebe. Im August 1888 entstand in kürzester Zeit seine berühmte **Sonnenblumen**-Serie. In Vorfreude auf den Besuch seines Freundes Paul Gauguin wollte van Gogh die Bilder in dessen Zimmer aufhängen. Doch es kam zum Streit zwischen beiden, der mit einem Zusammenbruch van Goghs endete. Erst Wochen später malte er erneut drei Stillleben mit den Blumen. Eines davon ist im Museum zu sehen.

■ ST-RÉMY 1889–1890

Im Mai 1889 siedelte van Gogh nach zwei weiteren Zusammenbrüchen nach Saint-Rémy in eine Nervenheilanstalt über. Während seines einjährigen Aufenthaltes dort entstanden 150 Gemälde, darunter viele seiner Meisterwerke. Trotz seiner desolaten geistigen Verfassung behielten

Auge und Hand des Künstlers ihre Sicherheit. Dies erkennt man an den Bildern **Olivenhain,** (eines von zehn Gemälden, auf denen er die ihn faszinierenden silbrigen Bäume darstellte), **Spaziergang** (Fallende Blätter) im Garten der Heilanstalt und an den lilafarbenen **Schwertlilien** vor gelbem Hintergrund. Das Gemälde **Blühende Mandelbaumzweige** schenkte er seinem Bruder Theo zur Geburt von dessen Kind.

■ DIE LETZTEN MONATE 1890

Nachdem er sich nördlich von Paris in Auvers-sur-Oise niedergelassen hatte, um näher bei Theo sein zu können, malte van Gogh ebenso rastlos weiter, nun vor allem Landschaften. Das im Mai 1890 entstandene **Kornfeld mit Krähen** zählt mit der heftigen Strichführung und den Unheil verkündenden Vögeln zu van Goghs letzten Bildern, bevor er sich mit einem Schuss tödlich verletzte.

■ WERKE BEDEUTENDER IMPRESSIONISTEN

Im dritten Obergeschoss hängen Bilder von Impressionisten, deren Farbgestaltung und Pinselführung großen Einfluss auf van Gogh ausübten. Möglicherweise kannte er Claude Monets **Tulpenfelder**

Leuchtendes Gelb wie im »Sämann bei Sonnenuntergang« kennzeichnet viele Werke van Goghs.

bei der Windmühle von Rijnsburg
(1888), da sein Bruder Theo dieses
und andere Werke des Malers ver-
kaufte. Auch den in Paris lebenden
Camille Pissarro bewunderte van
Gogh wegen dessen pointillistischer
Maltechnik, wie sie in dem Bild **Die
Heuernte, Eragny** (1887) zum Aus-
druck kommt.

■ PAUL GAUGUIN
Bei allen Streitigkeiten zwischen den
Freunden zählt Paul Gauguin neben

van Gogh zu den bedeutendsten
Malern des Post-Impressionismus. Im
Museum findet man neben dem Porträt **Vicent van Gogh, Sonnenblumen malend** (1888) auch das **Selbstporträt mit Porträt Émile Bernards**
(1888), das Gauguin vor seiner Reise
nach Arles van Gogh sandte. **Breto-
nisches Mädchen beim Spinnen**
(1889) ist ein Beispiel für Gauguins
Werke, die in der Bretagne entstanden,
als er in der Künstlerkolonie in Pont-
Aven lebte.

Paulus Potterstraat 7, 1071 CX • www.vangoghmuseum.nl • Tel. 020 570 5200 • €€€€ • Tram: 2, 3, 5,
12, 16, 24

Designerlabel

Die kleine Nation genießt einen großen Ruf, was Design angeht, und an gutem Design herrscht in Amsterdam ein umfangreiches Angebot. Die Niederländer sind berühmt für eine schlichte, minimalistische und zugleich avantgardistische Formensprache. Aber es ist vor allem der Sinn für Humor, der niederländischem Design einen besonderen Touch verleiht.

Minimalistisch gestaltete Haushaltswaren im Flagship-Store von Droog (unten). Das Mobilia-Wohnstudio im südlichen Grachtengürtel bietet hochmodernes Mobiliar (rechts).

Wegweisendes Design

Zum Pflichtprogramm eines jeden Design-Bummels gehört **Droog** (*Staalstraat 7b, www.droog.com*), was so viel wie »trocken« bedeutet. Seine innovativen Produkte und Projekte trugen dem Label Anerkennung als Vorreiter neuer Design-Ideen ein. 1996 produzierte Droog Marcel Wanders' Knotted Chair: Der Stuhl ist heute Teil der Sammlung des MoMA in New York. Der Präsentationsbereich im Parterre des Gebäudes, das im 17. Jahrhundert die Zunft der Weber beherbergte, spiegelt den Zeitgeist wider.

Im oberen Stockwerk können Design-Fans im Ein-Zimmer-Apartment des **Hôtel Droog** (*www.hotel droog.com, €€€*), übernachten oder im hellen, geräumigen Café **Roomservice** ein Frühstück, eine Teestunde sowie ein Mittag- oder Abendessen genießen.

MUSEUMSVIERTEL & DE PIJP

Vorreiter der Szene ist jedoch der 1985 von Dick Dankers eröffnete Design-Shop **Frozen Fountain** (*Prinsengracht 629, www.frozenfountain. nl*). Hier findet man Unikate und limitierte Editionen berühmter Designer wie Jurgen Bey, Hella Jongerius und Piet Hein Eek (der letztgenannte arbeitete mit gebrauchtem Holz, lange bevor Recycling zum Trend avancierte). Neben Bildern von Anton Corbijn und Inez van Lamsweerde werden zudem die Arbeiten aufstrebender Nachwuchsfotografen gezeigt.

Im Showroom des Design-Labels **Moooi** (*Westerstraat 187, www.moooi.com*)– auf Niederländisch so viel wie »schön«, ergänzt um ein weiteres »o« – kann man verspielte überlebensgroße Kreationen nationaler und internationaler Designer bewundern.

Must-have Accessoires
De Negen Straatjes (siehe S. 138–139) sind eine wahre Schatztruhe niederländischen Designs. Die weltberühmte Amsterdamer Designerin Hester van Feghen bietet hier in ihrem Schuh- (*Hartenstraat 1*) und ihrem Taschenladen (*Hartenstraat 37*) Modelle mit ihrem bunten geometrischen Design an.

KAUFHAUS-**DESIGN**

Das erste Warenhaus **HEMA** (*www.hema.nl, Tel. 020 422 8988*) wurde in den Niederlanden während der Wirtschaftskrise der 1920er-Jahre eröffnet. Heute ist die inzwischen international erfolgreiche Kette zu einer Institution geworden, unterhält mehrere Filialen in Amsterdam und bietet gutes, bezahlbares niederländisches Design: praktisch, schlicht und farbenfroh.

MUSEUMSVIERTEL & DE PIJP

Ziele an Regentagen

Es ist nicht zu leugnen: Amsterdam ist nicht gerade für sein gutes Wetter berühmt. Das westeuropäische Klima sorgt das ganze Jahr über für viele Niederschläge. Doch die Stadt hat auch bei Regenwetter für jeden genug zu bieten, damit keine Langeweile aufkommt.

■ AMERICAN HOTEL

Wenn das Picknick im **Vondelpark** (siehe S. 154–155) buchstäblich ins Wasser fällt, lohnt ein Besuch des American Hotel nur wenige Straßen weiter. Nicht nur Hotelgäste können hier in der eleganten Pariser Atmosphäre des 1902 von dem Amsterdamer Architekten Willem Kromhout gestalteten Art-déco-Interieurs des historischen **Café Americain** ein klassisches Brasserie-Gericht genießen – z. B. ein Club-Sandwich, Croque Monsieur oder Beef Croquettes.

Leidsekade 97, 1017 PN • www.cafeamericain.nl • Tel. 020 556 3000 • €€–€€€€ • Tram: 1, 2

■ ZUIDERBAD

Wer Regen nicht mag, aber dennoch gerne ins Wasser steigt, wird sich in dem Jugendstil-Schwimmbad wohlfühlen, das sich in einem 1897 errichteten Gebäude im De-Pijp-Viertel befindet.

Mit seinem großartigen Brunnen ist es zweifellos das stilvollste Bad der Stadt. 1911 eröffnet, wurde es 2013 renoviert und verfügt nun über Whirlpools, Kräuterbäder sowie einen Wellnessbereich. Das darin untergebrachte Café **Vrolijk** (»fröhlich«) wurde nach Willem Vrolijk, einem Fahrradimporteur, benannt. Er gründete hier in einer Halle eine Fahrradfahrschule, die bis zum heutigen Tag von 9.30 Uhr bis zur Schließung des Bades am Abend geöffnet ist.

Hobbemastraat 26, 1071 ZC • www.zuid. amsterdam.nl • Tel. 020 252 1390 • €€ • Tram: 1, 2, 5, 7, 10

■ HERMITAGE AMSTERDAM

Vor rund 300 Jahren kam Zar Peter der Große nach Amsterdam, wo er sich Inspirationen für die Gründung von St. Petersburg holte. Heute hat Amsterdam eine Dependance der weltberühmten Petersburger Eremitage (siehe

Sonderausstellungen in der Hermitage Amsterdam präsentieren regelmäßig Sammlungen, die den Reichtum des ehemaligen Zarenreiches widerspiegeln.

S. 132–133). Im südlichen Grachtenviertel gelegen, zeigt das Museum attraktive Sonderausstellungen russischer Kunstschätze. Im Amstelflügel befinden sich zwei Dauerausstellungen. Der Kerkzaal (ein ehemaliger Kirchenraum mit einer Orgel aus der Zeit, in der das Gebäude ein Altenheim war) bietet selbst bei Regen einen imposanten Ausblick über die Amstel und die dahinterliegenden Kanäle. Im eleganten Café-Restaurant kann man ein Glas Champagner genießen. Wer denkt da noch an das schlechte Wetter?

Amstel 51, 1018 EJ • www.hermitage.nl • Tel. 020 530 7488 • €€€€ • geschlossen: 27. April (Königstag) und 25. Dez. • Metro: Waterlooplein • Tram: 9, 14

■ TUSCHINKSI THEATER

Am besten verjagt man seine trübe Laune an einem grauen Regentag durch einen spannenden Film im schönsten Kino der Welt, das im südlichen Grachtenviertel liegt. Ein besonderes Erlebnis: die Spezialsitze für zwei, inklusive Sekt! Das Theater wurde 1921 von dem filmbegeisterten Abraham Icek Tuschinski erbaut, der später während des Zweiten Weltkrieges in Auschwitz inhaftiert war. Die beeindruckende Fassade ist eine bunte Mischung

aus Art déco, Jugendstil und Amsterdamer Schule. Filmstars wie Charlie Chaplin und Harold Lloyd feierten hier einst ihre Premieren. Heute schreiten Stars wie Tom Cruise, Hugh Grant und Keira Knightley über den roten Teppich.

Reguliersbreestraat 26–28, 1017 CN • www. tuschinski.nl • €€€ • Tram: 4, 19, 14

■ SAUNA DECO

In dieser wunderschönen Sauna im nördlichen Grachtengürtel findet man in der Atmosphäre der Pariser 1920er-Jahre Entspannung. Viele Details der Art-déco-Ausstattung – darunter bunte Glasfenster – wurden aus dem Pariser Kaufhaus Le Bon Marché gerettet. Der Service umfasst Massagen und Maniküre für Damen und Herren.

Herengracht 115, 1015 BE • www.sauna deco.nl • Tel. 020 623 8215 • €€€€ • Tram: 1, 2, 5, 13, 17

■ TROPENMUSEUM

Ein Regentag ist genau das Richtige für einen Besuch des Museums für Anthropologie im Jodenbuurt-Viertel. Seine umfangreiche Sammlung umfasst neben Kunstobjekten,

Das Tuschinski Theater entführt zurück in das Goldene Zeitalter des Kinos.

MUSEUMSVIERTEL & DE PIJP

Fotografien, Musik und Filmen auch rekonstruierte Häuser und Marktplätze, die verschiedene Kulturen lebendig präsentieren. Danach verlockt gegenüber die exzellente Bierbar De Biertuin *(Linneausstraat 29, Tel. 020 665 0956, www.debiertuin.nl)* zum Studium einer gänzlich anderen Kultur.

Linnaeusstraat 2 • www.tropenmuseum.nl • Tel. 020 568 8200 • €€€ • geschlossen: 25. Dez., Mo. (außer Juli–Aug., 14. und 21. Okt., 23. und 30. Dez.) • Tram: 9, 10, 14

■ TunFun

Die Kinder quengeln? Amsterdam hat zum Glück die perfekte Lösung: Tun Fun. Der gigantische Kinderspielplatz befindet sich im Jodenbuurt-Viertel in einem ehemaligen Tunnel unter dem Meester Visserplein. Hier finden abenteuerhungrige Kinder Klettergeräte, Rutschen und Hüpfburgen. Zudem gibt es einen eigenen Bereich für Kleinkinder.

Meester Visserplein 7, 1011 RD • www.tunfun.nl • Tel. 020 689 4300 • €€€ (Erwachsene freier Eintritt) • Metro: Waterlooplein • Tram: 9, 14

■ Openbare Bibliotheek Amsterdam

Von außen eher schlicht, kommt das Innere der **Öffentlichen Bibliothek Amsterdam** wie ein modernes Kunstmuseum daher: weitläufig, mit hohen Decken, farbenfrohem Designermobiliar und Apple-Computern. Im Oosterdok-Bezirk, nahe der Centraal Station, gelegen, umfasst sie 25 Regalkilometer Bücher (auch auf Englisch) sowie eine große Auswahl internationaler Zeitschriften, DVDs und CDs. Im Parterre lädt ein Klavier zum Spielen ein. Ein Regentag vergeht hier wie im Fluge. Neben der Zeitschriftenabteilung bietet ein Café leckere Bagels. In der obersten Etage lockt das **La Place** *(www.laplace. nl, Tel. 020 523 0870)*, ein Selbstbedienungsrestaurant mit fantastischem Ausblick.

Oosterdokskade 143, 1011 DL • www.oba.nl • Tel. 020 523 0900 • Metro: Centraal Station • Tram: 1, 2, 4, 5, 9, 13, 16, 17, 24, 25, 26

■ De Prael

Eine gute Alternative bei Regen bietet der Besuch dieses geräumigen und dennoch gemütlichen *proeflokaal* (Probierlokals) im Oude-Zijde-Viertel. Die nach berühmten niederländischen Schlagersängern benannten Bio-Biere, haben unterschiedliche Alkoholgehalte und sind köstlich. Für Bierenthusiasten gibt es eine **Brauereiführung** *(Oudezijds Voorburgwal 30, Tel. 020 408 4470, €€–€€€€, geschlossen: Sa. und So.).*

Oudezijds Armsteeg 26, 1012 GP • www. deprael.nl • Tel. 020 408 4469 • geschlossen: Mo. • Metro: Centraal Station oder Nieuw-markt • Tram: 4, 9, 16, 24, 25

TEIL 3

Praktische Reisetipps

REISEPLANUNG

Beste Reisezeit

Amsterdam ist ein ganzjährig lohnendes Reiseziel. Will man gezielt Gärten oder bestimmte Festivals besuchen, muss man die Jahreszeiten oder Veranstaltungstermine berücksichtigen.

Januar und Februar sind eine ruhige Reisezeit mit relativ leeren Restaurants und Museen – ideal, um eine günstige Unterkunft und gute Angebote im Schlussverkauf zu finden.

Im **März und April** blühen die prächtigen Tulpen, Narzissen und Krokusse. Ein Besuch des Keukenhof Parks (siehe S. 143) und eine Fahrt oder Radtour durch die Blumenfelder sind ein unvergessliches Frühlingserlebnis. Die Osterzeit ist geprägt durch alte Traditionen und faszinierende Kirchenmusik. Am 27. April, dem Königstag, schmückt und kleidet sich die ganze Stadt in Orange und feiert in karnevalsähnlicher Atmosphäre.

Im **Mai** wird im Rahmen des Volkstrauertags (4. Mai) im ganzen Land der Gefallenen des Zweiten Weltkriegs sowie aller Opfern von militärischen Konflikten und Friedensmissionen gedacht. Einen Tag später, am 5. Mai, finden dann auf den Straßen die Feierlichkeiten zum Befreiungstag statt.

Den **Juni** dominiert das sich fast über den ganzen Monat erstreckende Holland Festival der darstellenden Künste. Am dritten Juni-Wochenende wird außerdem der Öffentlichkeit im Zuge der Open Tuinen Dagen (Tage der offenen Gärten) ein Blick in die schönsten privaten Gärten der Stadt gewährt. Mit dem **Juli** hält der schwungvolle Sommer Einzug: Die Beach Clubs locken mit elektronischer Musik, die Amsterdam International Fashion Week präsentiert die neueste Mode, dazu die Robeco-Summer-Nights-Konzerte im Concertgebouw und der Start der Festivalsaison. Von der Gay Pride Parade über das Grachtenfestival mit klassischer Musik bis zum Kulturfestival Uitmarkt bietet auch der **August** ein großes Kulturangebot.

Neben den letzten Sonnenstrahlen offeriert der **September** eine Vielzahl von Events, darunter das Nederlands Theater Festival und das begleitende Fringe Festival sowie das Valtifest Musik Festival in Noord. Die frischen Herbsttage und die kleiner werdenden Touristenscharen machen den Monat zu einer angenehmen Reisezeit. Wenn im **Oktober** die Nächte kälter werden, beginnt die Saison der Hallen-veranstaltungen mit Cinekid Festival und dem Amsterdam Dance Event – dem weltweit größten Club-Festival.

Die Wintermonate **November und Dezember** stehen ganz im Zeichen der niederländischen *gezelligheid* (Gesellligkeit). Die kalten Tage werden in gemütlichen Cafés bei Kerzenschein und in wunderschön dekorierten Geschäften und Hotels verbracht. Mit dem am 5. Dezember freudig erwarteten *Sinterklaas* (Nikolaus) stehen Weihnachten und Silvester schon vor der Tür und damit *pepernoten* (Lebkuchen), *speculaas* (Spekulatius), Glühwein, Weihnachtsmärkte, Eislaufen sowie Feiertagskonzerte und Theateraufführungen.

Klima

In Amsterdam, heißt es, gebe es nur drei Wetterarten: Wenn es nicht gerade regnet, hat es eben erst aufgehört oder fängt gleich an. Zwar ist das eine Übertreibung, doch die Küstennähe sorgt regelmäßig für bewölkte Tage. Der wolkenreiche niederländische Himmel war stets eine Inspiration für die großen Maler des Goldenen Zeitalters, für Reisende jedoch bedeutet er, zu Besichtigungstouren nicht ohne regendichte Jacke und einen Regenschirm aufzubrechen.

Das triste Wetter überwiegt vor allem im **Frühjahr,** im **Sommer** jedoch hellt es sich auf, und die Temperaturen können auf über 25 Grad klettern. Dann entdecken die Amsterdamer ihre mediterrane Seite und essen und trinken so oft wie möglich im Freien. Auch der Übergang in den **Herbst** bietet traumhafte Tage mit blauem Himmel, lockeren Wölkchen und knisterndem Laub entlang der Grachten. Im **Winter** kann eiskalter Nebel von der Küste tagelang über der Stadt hängen, bis der aufkommende Westwind für einen klaren, blauen Himmel sorgt. Schnee und Frost sind wegen des warmen Mikroklimas der Stadt heute eine Seltenheit.

Versicherung

Eine Auslandskrankenversicherung empfiehlt sich zur Abdeckung ggf. anfallender Kosten für ärztliche Versorgung und Rücktransport. Auch eine Reisegepäck- und Diebstahlversicherung kann sinnvoll sein.

Reisedokumente

Für EU-Bürger und Schweizer genügt zur Einreise ein gültiger Reisepass oder Personalausweis.

ANREISE

Mit dem Auto

Jedes Jahr kommen etwa eine Million Touristen mit dem Auto nach Amsterdam. Durch die Anbindung an mehrere transeuropäische Autobahnen ist die Stadt gut erreichbar. Doch die Innenstadt ist ein Straßenlabyrinth mit nur sehr wenigen Parkplätzen. Autofahrer sollten die Parkhäuser sowie die Park & Ride-Möglichkeiten außerhalb des Zentrums nutzen. Von hier gibt es exzellente öffentliche Verkehrsverbindungen, bei vielen ist auch die Nutzung eines Fahrrades im Preis inbegriffen (www.iamsterdam.com).

Mit dem Flugzeug

Der **Flughafen Schiphol** (www.schiphol.nl, 0900 0141) ist eins der meist frequentierten Luftfahrt-Drehkreuze der Erde und wird regelmäßig als einer der weltweit besten Airports ausgezeichnet. Er verfügt über unzählige Läden, Bars, Hotels, Cafés und Restaurants, ein Spa, ein Casino und sogar eine Filiale des Reichsmuseums. Nur 20 Kilometer südlich von Amsterdam gelegen, hat Schiphol eine eigene Bahnstation mit direkter Verbindung zur Centraal Station. Züge fahren alle 15 Minuten. Tickets gibt es an den gelben Fahrkartenautomaten und in den Verkaufsstellen bei der Schiphol Plaza. Bis zur Centraal Station fährt man etwa 20 Minuten, die einfache Fahrt kostet rund 4 € (Bahnauskunft: www.ns.nl, Tel. 0900 2021163).

Vom Flughafen Schiphol mit dem Bus ins Zentrum

Busse von Schiphol Hotel Shuttle (www.airporthotelshuttle.nl, 038 339 4741) pendeln in kurzen Abständen zwischen der Schiphol Plaza und dem Zentrum Amsterdams (Leidseplein). Fahrtdauer: rund 30 Minuten, Kosten für eine einfache Fahrt: ab rund 10 Euro.

Mit dem Taxi ins Zentrum

Taxifahrten vom Flughafen in die Stadt sind deutlich teurer als öffentliche Verkehrsmittel (Durchschnittsfahrpreis: rund 40 €), rechnen sich also erst ab vier Personen. Direkt vor dem Eingang ist der offizielle Taxistand (keinesfalls auf Angebote von Fahrern im Flughafen eingehen!). Die Fahrtzeit zum Hotel beträgt etwa 20 bis 30 Minuten, zur Hauptverkehrszeit länger.

Mit dem Schiff oder der Fähre

Immer mehr Besucher kommen mit dem Kreuzfahrtschiff nach Amsterdam und legen im Herzen der Stadt am eindrucksvollen **Passenger Terminal Amsterdam** (PTA; www.ptamsterdam.nl, Tel. 509 1000) an. Von hier aus ist es ein angenehmer 15-minütiger Spaziergang am Wasser entlang zur Centraal Station. Man kann auch die Tram nehmen: entweder Linie 26 gegenüber dem Muziekgebouw aan 't IJ (direkt rechts vom PTA gelegen) oder die Linie 25, die links vom PTA abfährt. Einige Reedereien bieten tägliche Fährverbindungen zwischen England und den Niederlanden an. Hierzu gehören:

■ **DFDS Seaways** (www.dfdsseaways.de; 0871 522 9955): Zweimal täglich verkehren Fähren zwischen Newcastle und dem Felison Terminal im Hafen von Ijmuiden außerhalb von Amsterdam. Von Ijmuiden dauert die Autofahrt bis ins Stadtzentrum etwa 35 Minuten, es gibt auch einen DFDS Seaways Bus Service. Man kann zudem die **Fast Flying Ferry** (www.fff.nl, 0900 266 6399) direkt zur Centraal Station nehmen.

■ **P&O North Sea Ferries** (www.poferries.com, 08716

642121): Eine Nachtfähre pendelt zwischen Hull und Rotterdams Europoort. Die Fahrt vom Hafen nach Amsterdam dauert 90 Minuten. P&O unterhält eine Busverbindung vom Europoort zur Rotterdam Centraal Station, von dort dauert es mit dem Zug eine Stunde zur Centraal Station Amsterdam (Tickets bei P&O vorbestellen). Es gibt zudem einen Eurolines Bus Service zwischen Europoort und der Centraal Station Amsterdam.

■ **Stenaline** *(www.stenaline. com, 0174 315 811):* Zweimal täglich (Tages- und Nachtfahrt) verkehren die Fähren zwischen Harwich und Hoek van Holland. Die Fahrt von dort nach Amsterdam dauert 80 Minuten mit dem Auto oder eindreiviertel Stunden mit dem Zug (regelmäßige Abfahrten im Hafen, Umsteigen in Rotterdam).

Mit dem Zug

Mehrmals täglich pendeln schnelle und moderne Züge u. a. zwischen Paris, Brüssel, Berlin, Köln, Frankfurt, Luxemburg und der Centraal Station im Zentrum Amsterdams (Detailinfos zu den internationalen Zugverbindungen auf der niederländischen Website www.nshispeed.nl).

UNTERWEGS IN AMSTERDAM

Öffentlicher Nahverkehr

Amsterdam verfügt über einen lückenlosen öffentlichen Verkehrsverbund (GVB) mit Tram-

, Bus- und Metrolinien sowie Fährverbindungen *(http//. en.gvb.nl).* **OV-Chipkarten** berechtigen ein- oder mehrtägig (bis zu einer Woche) zur unbegrenzten Nutzung aller öffentlichen Verkehrsmittel. Dies gilt auch für die **I amsterdam City Card** (erhältlich bei der Tourist Information und bei Verkaufsstellen für GVB-Tickets), die für 24, 36 oder 78 Stunden gültig sind.

Achtung, nicht vergessen: Jedes Mal, wenn man das Verkehrsmittel betritt oder verlässt, muss man sich ein- und auschecken. Dazu wird zu Beginn der Fahrt die Karte vor das Kartenlesegerät gehalten, bis ein grünes Licht aufleuchtet. Ein Piepton zeigt an, dass die Karte eingelesen wurde. Beim Umsteigen in eine andere Bus-, Tram- oder Metrolinie muss man erst aus- und bei der Weiterfahrt wieder einchecken. Versäumt man das Auschecken auf einer der Teilstrecken, wird die Karte dadurch entwertet und man riskiert eine Geldstrafe.

Der Hauptknotenpunkt des öffentlichen Nahverkehrs ist die **Centraal Station.** Busse und Trams fahren von hier in alle Teile der Stadt. Hier gibt es auch eine Metro-Station und einen Fähr-Terminal (für den kostenlosen Fährbetrieb nach Amsterdam Noord). Links vom Eingang zur Metro (neben der VVV Tourist Info) befinden sich die Geschäftsräume der GVB, die den öffentlichen Verkehr Amsterdams organisiert. Hier erhält man

Fahrscheine, Travel Cards sowie Tourenpläne und kann Ausflugspakete buchen. Für Touristen ideal sind die Trams mit ihrem umfangreichen Netz, das die ganze Innenstadt abdeckt, während der Bus sich am besten dazu eignet, in die Vorstadtviertel zu gelangen. Die Metro wird zumeist von Pendlern aus den Randgebieten der Stadt genutzt.

Auf dem Wasser

Grachtentouren versprechen ein romantisches Erlebnis, sind jedoch relativ teurer, da die Boote nicht zum öffentlichen Nahverkehr gehören. Das Angebot der **I amsterdam City Card** umfasst allerdings auch eine kostenlose Grachtenfahrt, und bei den größeren Reedereien sind mit dem Kauf eines Fahrscheins vergünstigte Eintrittspreise in Museen verknüpft.

Sowohl **Canal Bus** *(www. canal.nl, 020 623 9886)* als auch **Lovers** *(www.lovers.nl, 020 530 1090)* bieten 24-Stunden-Tickets an (Canal Bus auch eine 48-Stunden-Variante), mit denen man die Touren beliebig oft unterbrechen kann. Diese Tickets beinhalten auch eine Reduktion des Eintrittspreises bei verschiedenen Museen.

Water Taxi *(www.water-taxi. nl, 020 535 6363)* sind Boote für bis zu acht Passagieren, die bei innerstädtischen Fahrten im Minutentakt abrechnen.

Mit dem Taxi

Eine Taxifahrt empfiehlt sich eigentlich nur bei schwerem

Gepäck oder großer Zeitnot. Seit einiger Zeit wird der Amsterdamer Taxibetrieb deutlich strenger reguliert, sodass nun offizielle Taxistände (es ist nicht üblich, Taxis auf der Straße zu anzuhalten) und lizensierte Taxis mit Zähleruhr einheitlichere Fahrpreise gewährleisten. Die **Taxicentrale Amsterdam (TCA)** nimmt telefonisch oder online Reservierungen entgegen *(www. tcataxi.nl, 020 777 7777)*. Wer genug Zeit hat, sollte über ein **Tuk Tuk** Sightseeing Taxi *(06 2020 9294)* oder ein Fahrradtaxi *(06 1859 5153)* nachdenken.

Mit dem Fahrrad

Wegen seiner Übersichtlichkeit und des gut ausgebauten Netzes an Radwegen ist Amsterdam die perfekte Stadt, um sie auf zwei Rädern zu erkunden. Für Ungeübte dauert es allerdings ein wenig, sich an die Masse an Radfahrern und das Labyrinth an Wegen zu gewöhnen. Also sollte man sich in Ruhe mit dem Fahrrad und den Verkehrsregeln vertraut machen, bevor die Tour losgeht.

MacBike *(www.macbike. nl, 020 620 0985)* bietet eine kostenlose mehrsprachige Broschüre zum sicheren Radfahren in Amsterdam an. Unbedingt befolgen sollte man die Hinweise des Verleihers zum Parken und Abschließen des Fahrrades an dafür vorgesehen Orten: Das Rad muss stets an ein festes Objekt, z. B. einen Laternenpfahl, angeschlossen

werden. Sonst geht auch bei Abschluss einer Diebstahlversicherung die Kaution verloren. Beim Ausleihen des Fahrrades werden eine Kreditkartennummer oder ein Pass plus Baranzahlung verlangt. MacBike-Leihstationen mit guter Fahrradauswahl gibt es an der Centraal Station, am Leidseplein, Waterlooplein und in der Marnixstraat.

PRAKTISCHE TIPPS

Alkohol & Drogen

Ab dem Alter von 16 Jahren kann man in den Niederlanden Alkohol legal erwerben und konsumieren. Supermärkte und Geschäfte dürfen nur Getränke mit einem Alkoholgehalt bis zu 13 Prozent verkaufen, für Hochprozentiges gibt es speziell lizensierte Läden.

Das niederländische Gesetz unterscheidet zwischen sogenannten »weichen Drogen« (Cannabis) und »harten Drogen«; es toleriert lediglich, wenn Erwachsene ab 18 Jahren die erstgenannten weichen Drogen konsumieren, die kontrolliert in sogenannten Coffeeshops verkauft werden. Diese dürfen nie mehr als 500 Gramm Cannabis lagern und an Erwachsene maximal fünf Gramm verkaufen. Cannabis darf auch nur in lizensierten Coffeeshops geraucht werden. Der Besitz, Konsum und Verkauf von halluzinogenen Pilzen sowie von harten Drogen (Heroin, LSD, Ecstasy und Kokain) ist illegal.

Feiertage

In Amsterdam sind Museen meist nur am Neujahrstag (1. Jan.), am Königstag (27. oder 26. April, falls der 27. auf einen Sonntag fällt) und am Ersten Weihnachtstag (25. Dez.) geschlossen. Darüber hinaus bleiben Banken und Geschäfte auch an folgenden, z. T. beweglichen Feiertagen geschlossen:

Ostersonntag oder -montag (März oder April)
Tag der Befreiuung (5. Mai); seit 2015 alle fünf Jahre ein gesetzlicher Feiertag.
Christi Himmelfahrt (Mai oder Juni)
Pfingstsonntag oder -montag (Mai oder Juni)
Nikolaustag (5. Dez.); zwar kein offizieller Feiertag, aber viele Niederländer nehmen an diesem Tag frei.
Zweiter Weihnachtstag (26. Dez.)

Geld

Die Währung in den Niederlanden ist der Euro. Kreditkarten sind weniger verbreitet als in anderen europäischen Ländern und werden in den meisten Supermärkten sowie Cafés, Restaurants und Bars nicht akzeptiert.

Internet

www.artsholland.com
Für Kulturinteressierte.
www.dutchnews.nl
Für niederländische Nachrichten in englischer Sprache.
www.holland.com
Die offizielle Tourismus-Website der Niederlande.

www.iamsterdam.com
Fundgrube an Wissenswertem über Hotels und Veranstaltungen, Stadtgeschichte und Last-Minute-Angebote sowie zur I amsterdam City Card.

www.lastminuteticketshop.nl
Tickets für Konzerte, Theateraufführungen und sonstige Events am Tag der Veranstaltung zum halben Preis.

www.ns.nl
Auskünfte zum nationalen Bahnverkehr.

www.petitepassport.com/ category/amsterdam
Ein informativer und unterhaltsamer Blog eines Amsterdamers.

www.9292.nl
Infos zu allen öffentlichen Verkehrsmitteln in den Niederlanden.

Museumskarte

Plant man den Besuch mehrerer Museen, bietet sich die ein- oder mehrtägig gültige **I amsterdam City Card** (siehe S. 176) an, die zum kostenfreien Eintritt bei etwa 40 Attraktionen berechtigt. Bleibt man eine Woche oder länger und bereist weitere Städte, lohnt sich durchaus die **Museumkaart** (Museumskarte; *www.museumkaart.nl, 0900 4040 910*) : Sie ist ein Jahr gültig, kostet 45 € für Erwachsene bzw. 22,50 € für unter 18-Jährige und ermöglicht unbegrenzt Gratisbesuche in etwa 400 Museen der Niederlande, die Hauptattraktionen Amsterdams eingeschlossen.

Öffnungszeiten

Geschäfte sind montags bis freitags von 9 bis 18 Uhr geöffnet (samstags bis 17 Uhr und donnerstags bis 21 Uhr.), sonntags von 12 bis 17 Uhr. Am Wochenende schließen einige Supermärkte erst um 20 oder 22 Uhr. Die Geschäftszeiten der meisten Unternehmen sind montags bis freitags 8:30 bis 17 Uhr. Banken sind nur wochentags von 9 bis 16 Uhr geöffnet.

Post

Die Postfilialen sind nur an den Wochentagen von 9 bis 17 Uhr geöffnet. Das Hauptpostamt, im Erdgeschoss des Gebäudes Singel 250 *(020 556 3311)* hinter dem Königspalast hat allerdings längere Öffnungszeiten *(Mo.–Fr. 7.30–18.30 Uhr, Sa. 7.30–17 Uhr, So. geschlossen)*.

Rauchen

Das Rauchen ist in allen Bars, Cafés, Restaurants und in öffentlichen Gebäuden untersagt, doch in einigen Bars und Clubs wird dennoch zuweilen geraucht.

Strom

Die niederländischen Steckdosen entsprechen der Euronorm für zweipolige Stecker. Die Spannung beträgt 220 Volt.

Telefonieren

Die Vorwahl für Amsterdam, die nur gewählt werden muss, wenn man sich außerhalb des Stadtgebietes befindet, lautet *020*.

Für ein innerstädtisches Telefonat benötigt man eine Telefonkarte, die in Postämtern, Zeitschriftenläden und verschiedenen Tourist-Infos erhältlich ist. Die internationale Vorwahl der Niederlande ist 0031. Für einen Anruf nach Amsterdam aus dem Ausland muss man 0031 (für die Niederlande) und dann 20 (für Amsterdam) vorwählen. In den Niederlanden haben kostenlose Servicenummern die Vorwahl 0800, gebührenpflichtige Servicenummern die Vorwahl 0900 und Mobilfunknetze die Vorwahl 06.

Internationale Telefonauskunft: *1889*
Internationale und nationale Vermittlung: *0800 0410*
Nationale Telefonauskunft: *0900 8008*

Toiletten

Männer haben es in Amsterdam besser als Frauen, da es im ganzen Stadtgebiet zahlreiche Pissoirs gibt, aber nur wenige öffentliche Toiletten. So bleiben nur die in den Cafés, deren Nutzung jedoch Gästen vorbehalten und daher an eine Bestellung geknüpft ist. Museen und öffentliche Gebäude verfügen über saubere, modern ausgestattete Toiletten und erheben für die Nutzung teilweise einen Obolus von 20 Cent, manchmal auch von 50 Cent.

Trinkgeld

Rechnungen in Hotels und Restaurants, bei Taxifahrten sowie in Geschäften beinhalten bereits die Mehrwertsteuer und Servicegebühren. Trinkgelder sind in Cafés und Bars nur bei herausragendem Service angebracht, in Restaurants jedoch sind sie in der Höhe von 5–10 Prozent durchaus üblich. Zumeist rundet der Gast die Rechnungssumme direkt bei der Bezahlung auf. Bei Taxifahrten gibt man in der Regel kein Trinkgeld, außer bei besonders zuvorkommendem Service und Hilfe mit schwerem Gepäck (max. 10 Prozent).

Touristeninformation
In Amsterdam gibt es mehrere mit **VVV** gekennzeichnete Service Center. Die VVV-Hauptfiliale befindet sich in dem aus Holz gefertigten **Noord-Zuid Hollandsch Koffiehuis,** direkt am Wasser gegenüber der Centraal Station *(Stationsplein 10, 020 702 6000).* Sie hat geöffnet: Mo–Sa 9–18 Uhr und So 10–17 Uhr. Weitere günstig gelegene Filialen gibt es am Flughafen Schiphol und am Leidseplein. In den Fremdenverkehrsbüros kann man neben vielem anderen auch Unterkünfte, Ausflüge, Grachtenfahrten und geführte Touren buchen, Konzertkarten reservieren und die **I amsterdam City Card** erwerben. Letzteres ist auch online möglich *(www.iamsterdam.com).*

Zeitungen
In **Athenaeum Nieuwscentrum** *(Spui 14),* **Waterstones** *(Kalverstraat 152)* oder **American Book Center** *(Kalverstraat 185)* sind alle großen internationalen Zeitungen erhältlich. Die größten niederländischen Tageszeitungen sind *De Telegraaf* (konservativ) und *De Volkskrant* (linksliberal).

Zeitverschiebung
In den Niederlanden gilt die Mitteleuropäische Zeit (MEZ).

NOTFÄLLE

Konsulate
Deutsches Konsulat
Honthorstraat 36–38, 020 574 7700
Österreichisches Generalkonsulat
Honthorstraat 20, 020 573 2121
Schweizerisches Konsulat
De Lairesstraat 97, 020 717 3416

Krankheit
Eine Reise nach Amsterdam birgt keine erhöhten Gesundheitsrisiken. Wird während des Aufenthaltes ärztlicher Beistand benötigt, hilft die Hotelrezeption weiter. Bei nur geringen Beschwerden empfiehlt sich der Besuch einer Apotheke.

Ambulanz *112*
Ärztlicher 24-Stunden-Notdienst *020 427 5011*
24-Stunden-Apotheken-Notdienst *020 592 3315* (Hinweise auf die nächstgelegene geöffnete Apotheke).
   Krankenhäuser mit einem 24-Stunden-Notdienst sind u. a.:
OLVG Hospital
Eerste Oosterparkstraat 279, 020 599 9111
Sint Lucas Hospital *Jan Tooropstraat 164, 020 510 8100*

Polizei, Feuerwehr & Notfallambulanz
Polizei und Rettungsdienste können kostenfrei von jedem Telefon mit 112 alarmiert werden. Die Leitstellen nehmen die Meldungen auch auf Englisch entgegen. Dabei wichtig: genaue Ortsangabe des Notfalls.

Einen Diebstahl oder andere kriminelle Übergriffe kann man unter 0900 8844 anzeigen. Im Zentrum Amsterdams gibt es mehrere Polizeireviere *(Beursstraat 33, Nieuwezijds Voorburgwal 104, Marnixstraat 148 und Elandsgracht 117).*

Verlust oder Diebstahl von Kreditkarten
Unverzüglich dem Kreditkartenunternehmen bzw. der zuständigen Bank melden, um die Karte sperren zu lassen, und bei der Polizei anzeigen.

Verlust von Wertgegenständen
Ein solcher Verlust sollte stets bei der Polizei angezeigt werden, um Ansprüche gegenüber Versicherungen nicht zu gefährden. Bei im Zug abhanden gekommenem Gepäck das Fundbüro in der Centraal Station (links neben den Schließfächern) kontaktieren. Anlaufstelle bei Verlust von Gegenständen in der Stadt **Bureau Gevonden Voorwerpen** (Fundbüro; *Korte Leidsestraat 52, 020 251 0222).*

HOTELS

Amsterdam ist eins der europaweit beliebtesten Wochenendziele. Das begrenzte Kontingent an Hotelzimmern ist deshalb schnell erschöpft. Man sollte also rechtzeitig reservieren, um sich ein Bett zu sichern, ohne dafür einen überhöhten Preis zahlen zu müssen. In den vergangenen Jahren hat sich in Amsterdam allerdings viel getan und zahlreiche neue Hotels wurden eröffnet. Bemerkenswert dabei ist, dass die meisten davon keine Häuser sind, die zu großen Ketten gehören und über eine hohe Bettenzahl verfügen, sondern schicke und individuell gestaltete Boutique-Hotels oder Bed-and-Breakfast-Unterkünfte.

PRAKTISCHE REISETIPPS

Als Folge dieser Entwicklung bietet Amsterdam eine außergewöhnlich breite Palette an Übernachtungsmöglichkeiten, die den Besucher vor die Qual der Wahl stellt.

Wegen der übersichtlichen Größe der Stadt spielt die Lage des Hotels eine nicht so zentrale Rolle, und es hat natürlich seinen Reiz, morgens beim Aufwachen auf eine Entenfamilie zu blicken, die durch eine von Bäumen gesäumte Gracht schwimmt. Große Hotels haben einen hilfreichen Concierge, ein größeres Angebot an Annehmlichkeiten und den Vorteil, im Haus zu Abend essen zu können, während eine B&B-Pension einen persönlicheren Kontakt und Einblicke ins lokale Leben bietet.

Im Einklang mit dem stilvollen Erbe dieser einmaligen Stadt wohnt der Gast im **Canal House, JL No. 76** oder im **Conservatorium** in einem historischen Grachtengebäude mit moderner Kunst an den Wänden, altmodischen Badewannen sowie handgearbeiteten und künstlerisch gestalteten Tapeten.

Doch Amsterdams Hotel-Szene beschränkt sich keineswegs darauf, alte Häuser in neuem Glanz erstrahlen zu lassen. Es gibt ebenso viele innovative und avantgardistische Konzepte: Im Hotel **The Exchange** wurden die Zimmer von Studenten der Amsterdamer Schule für Modedesign (AMFI) gestaltet; das **Lloyd Hotel** im östlichen Hafengebiet bietet Zimmer an, die in Ausstattung (und Preis) zwischen einem Stern und fünf Sternen variieren, und beim Personal im **College Hotel** handelt es sich um Studenten der Amsterdamer Hotelfachschule. Wer will, kann je nach Budget und Neigung im trendigen De-Pijp-Viertel in kleinen B&B-Unterkünften wie dem **Kamer 01** oder **Cake Under My Pillow** wohnen, Tür an Tür mit berühmten Persönlichkeiten, im palastähnlichen **Hotel Amstel,** residieren, auf einem Hausboot oder auch in einem ehemaligen Wasserturm übernachten.

Die **Amsterdam Tourist Office** (www.iamsterdam.com) kann mit ihrem umfangreichen Verzeichnis der verfügbaren Unterkunftsmöglichkeiten bei der Auswahl beraten und auf günstige Angebote hinweisen. Dieser Service wird auch online angeboten. Körperbehinderte oder in ihrer Bewegungsfähigkeit eingeschränkte Besucher Amsterdams sollten berücksichtigen, dass kleinere Hotels in historischen Gebäuden nicht immer über Aufzüge verfügen. Im Zweifelsfall bedarf es vor der Buchung einer Klärung!

Eine Überlegung wert sind auch einige sehr hübsche Hotels in Nachbarstädten wie Den Haag, Rotterdam, Haarlem, Delft und Utrecht. Die Übernachtungspreise sind dort erheblich niedriger als in Amsterdam, und man gelangt mit dem Zug schnell in die Hauptstadt.

Preiskategorien

Anhaltspunkte zu den Kosten für ein Doppelzimmer in der Hochsaison werden durch das Zeichen € gegeben.

€€€€€	über 300 €
€€€€	220–300 €
€€€	150–220 €
€€	100–150 €
€	unter 100 €

Symbole

ℹ️ *Anzahl der Zimmer*
🚊 *Öffentlicher Nahverkehr*
💳 *Kreditkarten*

NIEUWE ZIJDE

Das Viertel bietet eine Reihe eleganter Hotels in unmittelbarer Nähe zum Dam. Besonders empfehlenswert sind Zimmer mit Grachtenblick.

■ GRAND HOTEL KRASNAPOLSKY
€€€€€
DAM 9, 1012 JS
TEL 020 554 9111
www.nh-hotels.com
Trotz ziemlich verblichenem Glanz ist das Krasnapolsky ein Hotel in erster Lager und bietet einen schönen Blick auf den Koninklijk Paleis und den Dam. Neben den vielen Zimmern verfügt das Hotel über 35 Apartments in historischen Gebäuden, die sich besonders für Familien eignen.
ⓘ 468 🚊 Tram: Dam
💳 Alle gängigen Kreditkarten

■ HOTEL DE L'EUROPE
€€€€€
NIEUWE DOELENSTRAAT 2–14, 1012 CP
TEL 020 531 1777
www.leurope.nl
Das 1896 auf einer mittelalterlichen Bastion erbaute, imposante Hotel de l'Europe steht an der Kreuzung mehrerer Grachten und ist beinahe vollständig von Wasser umgeben. Den Blick auf die Kanäle kann man von großen Zimmern mit Balkon oder vom beliebten Café Het Terras aus genießen. Das Gourmet-Restaurant Bord'eau zählt zu den besten Amsterdams und ist ebenso stilvoll wie Freddy's Bar (benannt nach Alfred »Freddy« Heineken). Ein neuer Flügel beherbergt eine Reihe geräumiger, gut ausgestatteter Suiten.
ⓘ 111 🚊 Tram: Muntplein
💳 Alle gängigen Kreditkarten

■ DIE PORT VAN CLEVE
€€€€
NIEUWEZIJDS VOORBURGWAL 176–180, 1012 SJ
TEL 020 714 2000
www.dieportvancleve.nl
Das Traditionshaus ist in drei Gebäuden aus dem 18. Jahrhundert untergebracht, die von Amsterdams reicher Geschichte erzählen. In der Brasserie De Poort und der blau gekachelten Bodega De Blauwe Parade werden traditionelle niederländische Gerichte serviert. Zu empfehlen sind die deftige erwtensoep (Erbsensuppe mit Eisbein) und die köstlichen Zeeland-Muscheln.
ⓘ 122 🚊 Tram: Dam
💳 Alle gängigen Kreditkarten

■ THE EXCHANGE
€€€
DAMRAK 50, 1012 LL
TEL 020 523 0080
www.exchangeamsterdam. com
Die Zimmer des innovativen Exchange wurden von Studenten der Amsterdam Schule für Modedesign (AMFI) in angemessen spleenigem Stil gestaltet. Die Ein- bis Fünf-Sterne-Zimmer unterscheiden sich nach Größe, Aussicht und Ausstattung, sind aber in jedem Fall auf ihre Weise einzigartig. Nur einen Steinwurf vom Rotlichtviertel entfernt, sehr zentral liegend, ist das Hotel vor allem bei jungen Designern und Modeinteressierten beliebt.
ⓘ 61 🚊 Tram: Dam
💳 Alle gängigen Kreditkarten

■ HOTEL BROUWER
€€€
SINGEL 83, 1012 VE
TEL 020 624 6358
www.hotelbrouwer.nl
Das traditionelle kleine Hotel – im Stil der alten niederländischen Meister eingerichtet – befindet sich seit mehr als 90 Jahren in Familienbesitz. Dank seiner Lage an der Singel haben die meisten Zimmer Grachtenblick, und man ist im Nu in der Altstadt.
ⓘ 8 🚊 Tram: Nieuwezijds Kolk
💳 Alle gängigen Kreditkarten

OUDE ZIJDE

Bei vielen Hotels in diesem Viertel handelt es sich um historische Gebäude, z. T. um Grachtenhäuser aus dem 17. Jahrhundert und in einem Fall sogar um einen früheren Palast. Hier ist für jeden Geschmack etwas dabei, ob komfortbetont oder im schicken Boutiquen-Stil.

■ GRAND HOTEL AMRÂTH AMSTERDAM
€€€€€
PRINS HENDRIKKADE 108, 1011 AK
TEL 020 552 0000
www.amrathamsterdam.com
Das ehemaligen Schifffahrtshaus, dessen Art-déco-Details bewahrt wurden, beherbergt geräumige Zimmer in einem am Jugendstil angelehnten Design. Das Hotel bietet nicht

nur einen schönen Blick auf Oosterdok und die Altstadt, sondern natürlich auch moderne Annehmlichkeiten wie Kaffeemaschinen auf den Zimmern und ein wundervolles Spa.

ⓘ 165 🚊 *Tram: Dam*
💳 *Alle gängigen Kreditkarten*

■ SOFITEL LEGEND AMSTERDAM THE GRAND
€€€€
OUDEZIJDS VOORBURGWAL 197, 1012 EX
TEL 020 555 3111
www.sofitel.com
Zuerst Residenz des Königs, dann Rathaus und später Sitz der niederländischen Admiralität: Geschichte gehört zum Standard der luxuriösen Zimmer des Grand. Anders als viele moderne Hotels der Stadt befindet sich das Traditionshaus in Fußentfernung zu vielen Sehenswürdigkeiten und bietet einen hübschen Garten sowie ein schönes Spa.

ⓘ 177 🚊 *Tram: Dam*
💳 *Alle gängigen Kreditkarten*

■ MISC
€€€
KLOVENIERSBURGWAL 20, 1012 CV
TEL 020 330 6241
www.misceatdrinksleep.com
Das sehr empfehlenswerte Boutique-Hotel in einem restaurierten Grachtenhaus aus dem 17. Jahrhundert verfügt über sechs Zimmer, von denen man entweder aufs Wasser oder in den Garten hinter dem Haus blickt. Von modernem Design bis zum Barockstil

bieten die Räume für jeden etwas Passendes. Abends treffen sich die Gäste an der kleinen Cocktailbar oder im schönen Garten.

ⓘ 6 🚊 *Tram: Centraal Station*
💳 *Alle gängigen Kreditkarten*

JODENBUURT, PLANTAGE & OOSTERDOK

Die innovativen Hotels in diesen Vierteln haben ein ausgesprochen gutes Preis-Leistungs-Verhältnis. Viele liegen in Fußentfernung zum Ostteil des Hafens, Artis Zoo und zum Hortus Botanicus.

■ LLOYD HOTEL & CULTURAL EMBASSY
€€–€€€€€
OOSTELIJKE HANDELSKADE 34, 1019 BN
TEL 020 561 3636
www.lloydhotel.com
Das große Gebäude aus dem 19. Jahrhundert diente ursprünglich als Quartier für Einwanderer und als Gefängnis. Das heute darin beherbergte Lloyd Hotel war das erste, das seinen Gästen denselben freundlichen Service anbietet, aber Zimmer unterschiedlichen Standards (einen Stern bis fünf Sterne). So kann sich jeder, unabhängig vom Budget, am innovativen Design, am beliebten Restaurant und an der Lage im östlichen Hafenviertel erfreuen.

ⓘ 117 🚊 *Tram: Rietlandpark*
💳 *Alle gängigen Kreditkarten*

■ HOTEL REMBRANDT
€€€
PLANTAGE MIDDENLAAN 17, 1018 DA
TEL 020 627 2714
www.hotelrembrandt.nl
Skurriles kleines Hotel in der Nähe des Zoos und günstig für Ausflüge zum Tropenmuseum sowie der Gegend um den Waterlooplein. Es hat einen eindrucksvollen Frühstücksraum mit Reproduktionen mittelalterlicher Wandteppiche und mehrere große, im Kolonialstil eingerichtete Familienzimmer, die allerdings zur Straßenseite mit der Tram liegen. Ruhiger sind die hinteren Räume zum Garten, einige davon sind allerdings recht beengt.

ⓘ 17 🚊 *Tram: Artis-Plantage Kerklaan* 💳 *Alle gängigen Kreditkarten*

■ CASA WATERLOO
€€
WATERLOOPLEIN 177, 1011 PG
www.casawaterloo.nl
Das schlicht eingerichtete, helle, luftige und makellos saubere Apartment liegt am Waterlooplein. Es bietet ein großes Zweibettzimmer, ein Bad mit Dusche und eine Kochecke – und ein gutes Preis-Leistungs-Verhältnis. Reservierungen online.

ⓘ 1 🚊 *Tram: Waterlooplein*
💳 *Visa, Mastercard*

DER NÖRDLICHE GRACHTENGÜRTEL

Dieser Teil des Grachtengürtels eignet sich für jene, die unternehmungslustig sind und unabhängige kleine Hotels mit einer persönlichen Note schätzen.

■ ANDAZ AMSTERDAM
€€€€€

**PRINSENGRACHT 587, 1016 HT
TEL 020 523 1234**

www.andaz.com

Der Amsterdamer Designer Marcel Wanders machte aus der früheren Stadtbibliothek ein Luxushotel, indem er traditionelle Barockelemente mit topmodernem Styling kombinierte. Im Preis inklusive sind alle alkoholfreien Getränke aus der Minibar, Ortsgespräche und WLAN. Empfehlenswert sind das Gourmet-Restaurant Bluespoon sowie der exzellente Spa-Bereich.

ⓘ 122 🚊 Tram: Keizersgracht/ Prinsengracht 💳 Alle gängigen Kreditkarten

■ CANAL HOUSE
€€€€

**KEIZERSGRACHT 148–152, 1015 CX
TEL 020 709 6992**

www.canalhouse.nl

Das elegante Hotel mit Garten ist in drei historischen Grachtenhäusern untergebracht. Der Standard der Zimmer (und des Preisniveaus) reicht von »gut« bis »außergewöhnlich«. In allen Räumen sorgen u. a. Kunstgegenstände für ein exklusives Ambiente und freistehende Badewannen oder Regenduschen für komfortable Entspannung. Eines der beiden Gartenzimmer im Parterre verfügt über eine eigene Terrasse. Im Preis eingeschlossen ist ein großes Frühstücksbuffet.

ⓘ 23 🚊 Tram: Westermarkt 💳 Alle gängigen Kreditkarten

■ THE TOREN
€€€€

**KEIZERSGRACHT 164, 1015 CZ
TEL 020 622 6352**

www.toren.nl

Die individuell gestalteten Zimmer bieten für jeden Geschmack etwas: von hellem Schick über ein exotisches oder intimes Ambiente bis hin zur Gartenhaus-Suite mit eigenem Dampfbad. In der stimmungsvollen holzgetäfelten Bar genießt man gern einen Drink.

ⓘ 38 🚊 Tram: Westermarkt 💳 Alle gängigen Kreditkarten

■ SUNHEAD OF 1617
€€€

**HERENGRACHT 152, 1016 BN
TEL 020 626 1809**

www.sunhead.com

Die B&B-Unterkunft liegt in einem schön restaurierten Grachtenhaus aus dem 17. Jahrhundert im Herzen des Grachtengürtels. Die beiden Zimmer – »Tulpe« (mit Grachtenblick) und »Narzisse« – sind geschmackvoll eingerichtet, haben ein Bad en Suite und Nespresso-Maschinen. Carlos, Herr des Hauses, bereitet ein fantastisches Frühstück.

ⓘ 2 🚊 Tram: Westermarkt 💳 Visa, Mastercard

■ HOTEL DE WINDKETEL
€€

**WATERTORENPLEIN 8-C, 1051 PA
www.windketel.nl**

Mini-Hotel im autofreien Westerpark-Viertel, in dem alle Gebäude nach ökologischen Standards errichtet wurden und Gärten haben. Das Hotel ist ein kleiner, achteckiger Turm, der zu Beginn des 20. Jahrhunderts von den Wasserwerken errichtet wurde und von einem kleinen Garten umgeben ist. Darin ist eine schicke Küche, ein Wohnzimmer sowie ein Zweibett-Schlafzimmer mit Bad en Suite untergebracht.

ⓘ 1 🚊 Tram/Bus: Van Hallstraat 💳 Keine Kreditkarten

DER SÜDLICHE GRACHTENGÜRTEL

Im südlichen Grachtengürtel stehen einige der bekanntesten Luxusherbergen Amsterdams. Viele davon bieten außergewöhnliche Annehmlichkeiten und einen stimmungsvollen Grachtenblick.

■ AMSTEL INTERCONTINENTAL
€€€€€

**PROFESSOR TULPPLEIN 1, 1018 GX
TEL 020 622 6060**

www.amsterdam.intercontinental.com

Der Slogan des Amstel bringt es auf den Punkt: »Seit 1867 die erste Adresse für Mitglieder des Königshauses, den Adel und Berühmtheiten«. Das mondäne Hotel lässt seine Gäste in vornehmer Distanz zum Amsterdamer Trubel an der Amstel residieren und verwöhnt sie mit aufmerksamem Service, palastähnlichen Gemächern, funkelnden Lüstern, antikem Mobiliar und dem Sterne-Restaurant La Rive.

ⓘ 79 🚊 Tram: Oosteinde
💳 Alle gängigen Kreditkarten

■ **THE DYLAN HOTEL**
€€€€€
KEIZERSGRACHT 384, 1016 GB
TEL 020 530 2010
www.dylanamsterdam.com
Geschmackvoll gestaltetes
Hotel in einer Grachtenvilla
aus dem 17. Jahrhundert.
In den Zimmern stehen die
historischen Dachbalken,
Deckengestaltungen und
Kamine in kühnem Kontrast
zu modernem Textildesign
und der Hightech-Ausstat-
tung. Das Haus verfügt über
einen ruhigen Innenhof, das
Sterne-Restaurant Vinkeles
und eine Bar, die bekannt für
ihre Weinkostungen ist, zu
denen kleine niederländische
Köstlichkeiten gereicht
werden.

ⓘ 40 🚊 Tram: Spui
💳 Alle gängigen Kreditkarten

■ **PULITZER**
€€€€€
PRINSENGRACHT 315-331, 1016 GZ
TEL 020 523 5235
www.pulitzeramsterdam.
com
Die Idee zu dem Hotel hatte
Peter Pulitzer, der Enkel des
Zeitungsverlegers, der den
nach ihm benannten Journa-
listenpreis stiftete. Es besteht
insgesamt aus 25 restaurierten
Grachtenhäusern, die im 17.
und 18. Jahrhundert erbaut
wurden. Überall im Hotel erblickt man Original-Kunstwerke
und Antiquitäten, und die
Gärten laden zum Schlendern
oder zu einem entspannten
Nachmittagstee ein. Neben

einem guten Restaurant gibt
es noch die ansprechende
Weinbar De Apotheek.

ⓘ 230 🚊 Tram: Westermarkt
💳 Alle gängigen Kreditkarten

■ **SEVEN ONE SEVEN**
€€€€€
PRINSENGRACHT 717, 1017 JW
TEL 020 427 0717
www.717hotel.nl
Klein und exquisit: In neun
Zimmern und Suiten stehen
auf den Marmorböden antike
Messingbetten und in den
Bädern Pflegeprodukte von
Annick Goutal. Es gibt eine
gemütliche Bibliothek und
eine ruhige Terrasse, auf der
man nachmittags einen Kaffee
trinken kann (ebenso wie
die Hausweine im Übernach-
tungspreis inkl.). Das Frühstück
wird auf dem Zimmer serviert.

ⓘ 11 🚊 Tram: Prinsengracht
💳 Alle gängigen Kreditkarten

■ **KAMER 01**
€€€€
SINGEL 416, 1016 AK
TEL 020 625 6627
www.kamer01.nl
Stilvolles B&B in erster Grach-
tenlage mit Blick auf den
Blumenmarkt. Über eine steile
Treppe gelangt man in dem
Haus aus dem 16. Jahrhundert
zu zwei modern eingerichteten
Zimmern – dem Red Room und
dem Blue Room. Die Inhaber
Peter und Wolter verwöhnen
ihre Gäste mit einem köstlichen
Bio-Frühstück – entweder auf
dem Zimmer oder im Früh-
stücksraum.

ⓘ 2 🚊 Tram: Spui
💳 Visa, Mastercard

■ **SEVEN BRIDGES HOTEL**
€€€
REGULIERSGRACHT 31, 1017 LK
TEL 020 623 1329
www.sevenbridgeshotel.nl
Der Name des charmanten
Hotels erklärt sich aus der
Lage an der Kreuzung zwischen
Reguliersgracht und Keizersgracht mit Blick auf sieben
Brücken. Antiquitätenfreunde
erfreuen sich an den Roko-
ko-Möbeln, Barock-Kommoden
sowie weiteren Gestaltungs-
elementen aus Biedermeier
und Art déco. Da es keine
Gemeinschaftsräume gibt, kann
man jeden Morgen im Bett
frühstücken.

ⓘ 11 🚊 Tram: Rembrandtplein
💳 Alle gängigen Kreditkarten

■ **MIAUW SUITES**
€€€
HARTENSTRAAT 34, 1016 CC
TEL 020 893 2933
www.miauw.com
Im Herzen von De Negen
Straatjes stehen zwei alte
Gebäude, in den sich zwischen
Modeläden die Miauw Suiten
befinden: zwei luxuriöse Apart-
ments, beide hochmodern
möbliert und ausgestattet,
jeweils mit einem Schlaf-,
Wohn- und Badezimmer sowie
einer Küche.

ⓘ 4 🚊 Tram: Westermarkt
💳 Alle gängigen Kreditkarten

MUSEUMSVIERTEL & DE PIJP

Die Hotels dieser Gegenden
eigenen sich nicht nur ideal
für exclusive Shopping-Touren
und Besuche von Museen, viele

bieten auch ein Höchstmaß an Komfort und Stil.

■ CONSERVATORIUM HOTEL
€€€€€
VAN BAERLESTRAAT 27, 1071 AN
TEL 020 570 0000
www.conservatorium
hotel.com
In direkter Nachbarschaft zum Stedelijk Museum, dem Concertgebouw und dem Rijksmuseum gelegen, hat das Conservatorium eine der besten Lagen aller Hotels in der Stadt. Das als Bank erbaute und dann vom Amsterdamer Konservatorium genutzte Gebäude wurde von dem italienischen Architekten Piero Lissoni neu gestaltet. Er kombinierte modernes, minimalistisches Design mit fantasievollen Elementen wie den im Souterrain gepflanzten Bäumen, deren Spitzen weiter oben aus dem Fußboden der Bar sprießen.
ⓘ 129 ▦ Tram: Van Baerlestraat
◈ Alle gängigen Kreditkarten

■ OKURA
€€€€€
FERDINAND BOLSTRAAT 333, 1072 LH
TEL 020 678 7111
www.okura.nl
Nicht zuletzt wegen seiner Größe, der Nähe zum Flughafen und zum Messezentrum RAI sowie der vier exzellenten Restaurants (darunter zwei japanische) ist das Okura vor allem bei Geschäftsreisenden beliebt. Die Zimmer sind gut ausgestattet, aber nicht so individuell gestaltet wie in vielen kleineren Hotels. In

der obersten Etage bieten das Sterne-Restaurant Ciel Bleu und die modisch schicke Twenty Third Bar einen fantastischen Blick über die Stadt.
ⓘ 300 ▦ Tram: Cornelis Troostplein/Scheldestraat
◈ Alle gängigen Kreditkarten

■ COLLEGE HOTEL
€€€€
ROELOF HARTSTRAAT 1, 1017 VE
TEL 020 571 1511
www.thecollegehotel.com
Aus dem ehemaligen Gymnasium wurde ein Hotel, doch die Mitarbeiter des Hauses sind noch immer Schüler – nämlich Studenten der Amsterdam Hotelfachschule, die von Profis der Nedstede-Hotelgruppe angeleitet werden. Die früheren Klassenzimmer haben nun eine sinnlich-schwarze Farbgestaltung. Die einstige Sporthalle ist heute ein exzellentes Restaurant und in der ebenfalls sinnenfreudig designten, glamourösen Bar nehmen auch Amsterdamer gern einen Cocktail.
ⓘ 40 ▦ Tram: Roelof Hartplein
◈ Alle gängigen Kreditkarten

■ JL NO. 76
€€€
JAN LUIJKENSTRAAT 76, 1071 CT
TEL 020 515 0453
www.vondelhotels.com
An derselben Straße, an der sich das Rijksmuseum befindet, und gleich um die Ecke von den Shopping-Tempeln in der PC Hooftstraat und Cornelis Schuytstraat steht das schlichte elegante Hotel, dessen Besitzer, Arjen van den Hof, seine Gäste dazu einlädt, die Kunstsamm-

lung und die Bar zu genießen – oder sich von ihm Tipps geben zu lassen.
ⓘ 39 ▦ Tram: Van Baerlestraat
◈ Alle gängigen Kreditkarten

■ SANDTON HOTEL DE FILOSOOF
€€€
ANNA VAN DEN VONDELSTRAAT 6, 1056 GZ
TEL 020 683 3013
www.sandton.eu
Auch dieses Hotel liegt unweit von Amsterdams bedeutendsten Kunstmuseen und vom Vondelpark. Das zur Sandton-Gruppe gehörende Haus bietet ein gutes Preis-Leistungs-Verhältnis und verfügt seit einiger Zeit über fünf neue Suiten, die sich gegenüber vom Hauptgebäude auf der anderen Straßenseite befinden.
ⓘ 40 ▦ Tram: Roelof Hartplein
◈ Alle gängigen Kreditkarten

■ CAKE UNDER MY PILLOW
€€
FERDINAND BOLSTRAAT 10, 1072 LH
TEL 020 776 4600
www.cakeundermypillow.nl
Die von Siemon de Jong und Noam Offer, den besten Bäckern Amsterdams, angebotenen B&B-Zimmer befinden sich über dem Café der beiden – De Taart van m'n Tante – im De-Pijp-Viertel. Die Zimmer sind ruhig, hübsch eingerichtet und locken mit dem Bonus eines Frühstücks von den beiden gefeierten Bäckern.
ⓘ 3 ▦ Tram: Stadhouderskade
◈ Alle gängigen Kreditkarten

Seitenzahlen in *Kursivschrift* beziehen sich auf Karten.

A

Albert Cuypmarkt 105, *149*, 156
Allard Pierson Museum *67*, 75
American Hotel *21*, 23, 168
Amstel Hotel 24, 27
Amsterdam Handelsschiff 95
Amsterdam Museum *14, 17, 28*, 30, 47, 56–59
Amsterdamer Bibliothek *33*, 34, 171
Amsterdamer Schule Architekturstil 48–49, 115–116
Andersson, Sven-Ingvar 150
Andriessen, Mari 23
Anne Frank Huis 14, 17, 18, 22, 109, 118–121
Anne-Frank-Statue 23, 111
Anreise nach Amsterdam 175–176
Antiquitäten & Kunst 130, 136
Apfelkuchen 124
Apotheken 179
Architektur
  Amsterdamer Schule 48–49, 115–116
  Gotik 48, 51, 71
  klassische Moderne 48–49
  neoklassizistisch 137, 151
  Neorenaissance 48, 151
  niederländischer Klassizismus 77
  siehe auch Art déco & Jugendstil
Art déco & Jugendstil
  1e Klas Café-Restaurant 62
  Beurs van Berlage Café 49
  Café Americain 21, 168
  The Movies 114
  Sauna Deco 170
  Zuiderbad 23, *37*, 39, 168
Artis Zoo *33*, 34, 87, 93–94
Artplein Spui 102
Ärztlicher Notdienst 179

B

Ballett 22, 82–83
Banken 178
Bauernmarkt 104
Begijnhof 17, 47, 53–54
Berlage, H. P. 49, 151
Besatzungszeit 31, 92–93, 98–101
Beurs van Berlage 46, 48–49
Bibliotheken *33*, 34, 63, 171
  Amsterdamer Bibliothek *33,34*, 171
  Flughafenbibliothek 63
Bickerseiland 114
Bier & Brauereien 122–123, 149, 156–157, 171
Biologische Versmarkt (Bio-Markt) 104–105
Blauwe Theehuis 23, 154–155
Bloemen-en-Plantenmarkt 103
Bloemenmarkt (Blumenmarkt) 47, 55, 102–103
Bloemgracht 17
Boerenmarkt 104
Botschaften & Konsulate 179
Breitner, George Hendrik 114
Brilmuseum (Brillenmuseum) 22
Bruine Cafés 81
Buchmarkt 53, 103–104

C

Café Americain 21, 168
Café In 't Aepjen 68
Campen, Jacon van 52
Canal Bus 16, 23, 132, 145, 176
Cannabis 80–81, 177
Centraal Station 46, 48, 62, 176
Chinatown 68
CoBrA-Kunstbewegung 17, 160
Coffeeshops 80–81, 177
Comedy Theater 82
Concertgebouw 83, *148*, 151–153
Cuypers, P. J. H. 48, 113, 150, 151–152

D

Dam 14, *17, 18, 28*, 30, 46, 50–51

Damrak 45, 50
De Bijenkorf-Kaufhaus 50–51
De Brakke Grond Kulturzentrum 82
De Negen Straatjes (Die neun Straßen) 18, 22, *25, 26, 130*, 138–139
De Prael 171
De Schreierstoren *28*, 30, *67*, 72
De Waag (Stadtwaage) *28*, 31, *66*, 68–69
De Wallen *siehe* Rotlichtviertel
Designerlabel 166–167
Diamantschleiferei 25, 26
Drag-Queen-Olympiade 111
Drogen 80–81, 177
Droog 166

E

Einkaufen
  Designerlabel 166–167
  Einkaufs-, Shopping-Tour 24–27
  Öffnungszeiten 178
  Vintage-Shopping 102, 104, 139
  siehe auch Märkte
Eislaufen 150
Elegantiersgracht 144
Englische Reformkirche 17, 54
Erbsensuppe 125
Erkrankungen 179
Erotic Museum 70
Essen & Trinken
  Alkohol, gesetzliche Regelungen 177
  Bier & Brauereien 122–123, 149, 156–157, 171
  Jenever 122–123
  Nachmittagstee 27
  Niederländische Küche 124–127
  Picknicken 17, 38, 150
  Restaurantpreise 11
EYE-Filmmuseum 16, *37*, 39

F

Fährlinien 175
Fahrradvermietung 9, 61, 177

REGISTER

Fast-Food 125
Feiertage 178
Festivals 174
Fleischbällchen (bitterballen) 126
Flohmärkte 19, 86, 88, 102
Fo Guang Shan Buddhistischer
    Tempel 68
Foam Museum 131, 135
Frank, Anne 111
    siehe auch Anne Frank Huis
Freilufttheater 23, 38, 155
Frozen Fountain 167
Fundbüro 179

G

Gärten und Parks
    Hortus Botanicus 32, 35, 87,
        90–91, 170–171
    Keukenhof Park 143
    Leidsebosje 62
    Tag der offenen Gärten 141
    Vondelpark 20, 36, 38, 149,
        154–155
    Westergasfabriek, Park der
    108, 116–117
Gassan Diamonds 25, 26
Gay Community 110–111
Geldersekade 144
Gendt, Adolf van 151–152
Giebelformen 135
Gilden und Zünfte 31, 68–69
Gouden Bocht (Goldener
    Bogen) 137, 144
Gouden Reael 114–115
Grachtenfestival 145
Grachtengürtel 8, 144
Grachtentouren 23, 36, 38
Graffiti 62
Grote Synagoge 88–89
Groenburgwal 144
Gustafson, Kathryn 117

H

Haarlemmerpoort 114
Haarlemmerstraat 109, 113–114
Halverstad, Raphaël 100, 101
Hash Marihuana & Hemp
    Museum 81
Hausboot-Museum siehe auch
    Woonbootmuseum 130, 139

Heineken Experience 149,
    156–157
HEMA-Warenhauskette 167
Hepburn, Audrey 152
Herengracht 135, 137, 144
Heringe 127
Hermitage Amsterdam 131,
    132–133, 168–169
Het Houten Huys 54
Het Kleine Weeshuis 58
Het Muziektheater 22, 82–83
Het Scheepvaartmuseum 86,
    94–95
hofjes (Innenhöfe) 113
Hollandsche Manege 23, 36, 38
Hollandsche Schouwburg 87,
    91–92, 100
Holzhaus 54
Homomonument 23, 109,
    110–111
Hortus Botanicus 32, 35, 87,
    90–91, 170–171
Hotels 180–185
Hudson, Henry 30, 72
hutspot (Eintopf) 125

I

I amsterdam City Card 9, 176,
    177
Indonesische Küche 125
Inline-Skating 38

J

Jacob Hooy & Co. 66, 69–70
Jenever 122–123
Jodenbuurt, Plantage, & Oos-
    terdok 84–105, 106–107
    Artis Zoo 33, 34, 87, 93–94
    Grote Synagoge 88–89
    Het Scheepvaartmuseum 86,
        94–95
    Hollandsche Schouwburg 87,
        91–92, 100
    Hortus Botanicus 32, 35, 87,
        90–91, 170–171
    Hotels 182
    Joods Historisch Museum 87,
        88–89
    Kindermuseum 89

Museum het Rembrandthuis
    19, 29, 31, 86, 96–97
Nationales Schifffahrts-
    museum 86, 94–95
Nieuwe Synagoge 89
Portugiesische Synagoge 89
Verzetsmuseum 29, 31, 87,
    92–93
Waterloopleinmarkt 19, 22,
    86, 88, 102
Joods Historisch Museum 87,
    88–89
Jordaan 17, 109, 112–113
Jüdische Gemeinde 88–89,
    91–92, 98–101, 118–121

K

Kanäle 16, 144–145
Käse 126
Kattenkabinet 130, 137–138
Katzenboot 62–63
Keizersgracht 135, 145
Kerkstraat 135
Ketelhuis 116
Keukenhof Park 143
Keyser, Hendrick de 55, 73,
    74, 111
Kinder in Amsterdam 32–37
Kinder-Farm 117
Kindermuseum 89
Kirchen
    Englische Kirche 17, 54
    Nieuwe Kerk 17, 28, 30,
        46, 51
    Oude Kerk 66, 71–72
    Posthoornkerk 113–114
    Schlupfkirche 54
    Sint Nicolaaskerk 28
    Westerkerk 22–23, 109, 111
    Zuiderkerk 67, 74
Kino 83, 116
    EYE-Filmmuseum 16, 37, 39
    The Movies 114
    Theater Tuschinski 169–170
Klerk, Michel de 115
Klima 174–175
Königstag 38, 110, 174, 178
Koninklijk Paleis 17, 28, 30, 47,
    52–53

Konzerthallen 51, 83, 151–153
Kreditkarten 177, 179
Kreuzfahrtschiffe 175
Kunst & Antiquitäten 130, 136
Kunstmarkt 102

L
Lakritz 125
Lapjesmarkt 104
Leidsebosje 62
Leidsegracht 144
Lieverdje-Statue 53
Lijnbaansgracht 135
Livekonzerte
  Paradiso 24, 27
  Sugar Factory 83
  siehe auch Konzerthallen; Oper

M
Madame Tussauds 51
Magere Brug 131, 132, 145
Märkte 102–105
  Albert Cuypmarkt 105, 149,
    156
  Artplein Spui 102
  Biologische Versmarkt
    104–105
  Bio-Märkte 104–105
  Bloemen-en-Plantenmarkt
    103
  Bloemenmarkt (Blumen-
    markt) 47, 55, 102–103
  Boerenmarkt 104
  Buchmarkt 53, 103–104
  Flohmärkte 19, 86, 88, 102
  Kunstmarkt 102
  Lapjesmarkt 104
  Noordermarkt 104
  Waterloopleinmarkt 19, 22,
    86, 88, 102
Melkweg 83
Meulendijks & Schuil 136
Mirakel von Amsterdam 54
Mondriaan, Piet 17
Monet, Claude 74
Montelbaanstoren 67, 73, 97
Moooi 167
Movies, The 114
Munttoren 47, 54–55

Museen & Galerien
  Allard Pierson Museum 67,
    75
  Amsterdam Museum 14, 17,
    28, 30, 47, 56–59
  Anne Frank Huis 14, 17, 18,
    22, 109, 118–121
  Brilmuseum (Brillenmuseum)
    22
  Erotic Museum 70
  EYE-Filmmuseum 16, 37, 39
  Foam Museum 131, 135
  Hash Marihuana & Hemp
    Museum 81
  Hausboot-Museum 130, 139
  Hermitage Amsterdam 131,
    132–133, 168–169
  Het Scheepvaartmuseum
    (Schifffahrtsmuseum) 86,
    94–95
  Hollandsche Schouwburg 87,
    91–92
  Joods Historisch Museum 87,
    88–89
  Kattenkabinet 130, 137–138
  Kindermuseum 89
  Museum het Rembrandthuis
    19, 29, 31, 86, 96–97
  Museum het Schip 108,
    115–116
  Museum Ons' Lieve Heer op
    Solder 66, 76–77
  Museum van Loon 130,
    140–141
  Museum Willet-Holthuysen
    131, 133–134
  NEMO 33, 34
  Rijksmuseum 15, 16–17, 20,
    23, 148, 158–161
  Schuttersgalerij (Schützenga-
    lerie) 17
  Stedelijk Museum 20, 148,
    150–151
  Tassenmuseum Hendrikje
    (Taschenmuseum) 25, 26,
    131, 134–135
  Tropenmuseum 32, 35
  Van Gogh Museum 21, 37, 39,
    148, 162–165

  Verzetsmuseum 29, 31, 87,
    92–93
  Woonbootmuseum 130, 139
Museum het Rembrandthuis
  19, 29, 31, 86, 96–97
Museum het Schip 108,
  115–116
Museum van Loon 130,
  140–141
Museum Willet-Holthuysen
  131, 133–134
Museumkaart (Museumskarte,
  vergünstigte) 177–178
Museumplein 148, 150
Museumsviertel & De Pijp
  146–171, 148–149
  Albert Cuypmarkt 105, 149,
    156
  Concertgebouw 83, 148,
    151–153
  Heineken Experience 149,
    156–157
  Hotels 184–185
  Museumplein 148, 150
  P. C. Hooftstraat 24, 27, 149,
    153–154
  Rijksmuseum 15, 16–17, 20,
    23, 148, 158–161
  Stedelijk Museum 20, 148,
    150–151
  Van Gogh Museum 21, 37, 39,
    148, 162–165
  Vondelpark 20, 36, 38, 149,
    154–155

N
Nachmittagstee 27
Nachtwache (Rembrandt)
  160, 161
Namenwand 92
Nationaal Monument 50
NDSM-Werft 15, 16
NEMO 33, 34
Niederländische Ostindi-
  en-Kompanie 31, 90
Niederländische Westindi-
  en-Kompanie 30
Nes 82
Nieuwe Kerk 17, 28, 30, 46, 51
Nieuwe Zijde 44–63, 46–47

REGISTER

Amsterdam Museum *14, 17, 28,* 30, 47, 56–59
Begijnhof 17, 47, 53–54
Beurs van Berlage 46, 48–49
Bloemenmarkt (Blumenmarkt) 47, 55, 102–103
Centraal Station 46, 48, 62, 176
Dam 14, 17, 18, 28, 30, 46, 50–51
Englische Reformkirche 17, 54
Het Houten Huys (Holzhaus) 54
Hotels 181
Koninklijk Paleis 17, 28, 30, 47, 52–53
Madame Tussauds 51
Munttoren 47, 54–55
Nationaal Monument 50
Nieuwe Kerk 17, 28, 30, 46, 51
Schuilkerk (Schlupfkirche) 54
Nieuwmarkt 17, 68
Neun Straßen 18, 22, 25, 26, 130, 138–139
Noordermarkt 104
Nördlicher Grachtengürtel 106–127, 108–109
Anne Frank Huis 14, 17, 18, 22, 109, 118–121
Haarlemmerstraat 109, 113–114
Haarlemmerpoort 114
Homomonument 23, 109, 110–111
Hotels 182–183
Jordaan 17, 109, 112–113
Museum het Schip 108, 115–116
Posthoornkerk 113–114
Westelijk Eilanden (Westliche Inseln) 108, 114–115
Westergasfabriek, Park der 108, 116–117
Westerkerk 22–23, 109, 111
Notfälle 179

O
Öffentlicher Nahverkehr 176
Öffnungszeiten 178

oliebollen (ausgebackene Teigklößchen) 127
Ons′ Lieve Heer op Solder *66,* 76–77
Oost-Indisch Huis *29,* 31
Oosterdok *siehe* Jodenbuurt, Plantage & Oosterdok
Open Tuinen Dag (Tag der offenen Gärten) 141
Openbare Bibliotheek Amsterdam (OBA) *33,* 34, 171
Oper 22, 82–83
Orientierung 8, 9
Oud-Zuid-Viertel 27
Oude Kerk *66,* 71–72
Oude Zijde 64–83, 66–67
   Allard Pierson Museum *67,* 75
   Chinatown 68
   De Schreierstoren *28, 67,* 72
   De Waag *28,* 31, *66,* 68–69
   Erotic Museum 70
   Fo Guang Shan Buddhistischer Tempel 68
   Hotels 181–182
   Jacob Hooy & Co. *66,* 69–70
   Montelbaanstoren *67,* 73, 97
   Museum Ons′ Lieve Heer op Solder *66,* 76–77
   Oude Kerk *66,* 71–72
   Rotlichtviertel *14, 17, 18, 66,* 70, 78–79
   Zeedijk *66,* 68
   Zuiderkerk *67,* 74
Oudemanhuispoort-Buchmarkt 53, 103–104
Oudeschans 73
Oudezijds Achterburgwal 70
Oudezijds Kolk 68
Oudezijds Voorburgwal 144

P
Paradiso *24,* 27
P. C. Hooftstraat *24,* 27, *149,* 153–154
Peek & Cloppenburg Kaufhaus 51
Pfannkuchen 124
Peter-Stuyvesant-Statue 30
Piano, Renzo 34
Picasso, Pablo 23

Picknicken 17, 38, 150
Pijp *siehe* Museumsviertel & De Pijp
Pimentel, Henriëtte 100, 101
Planetarium 94
Plantage *siehe* Jodenbuurt, Plantage & Oosterdok
Poezenboot (Katzenboot) 62–63
Polizei 179
Pony-Reiten 38
Portugiesische Synagoge 89
Postämter 178
Posthoornkerk 113–114
Prinseneiland 114
Prinsengracht 17, 135, 145
proeflokalen (Probierlokal) 123, 171
Project 1012 70, 78
Prostitution 78–79 *siehe auch* Rotlichtviertel
Puppenhaus-Sammlung 160
Puppenklinik 139

Q
Quellinus, Artus 53

R
Radfahren 60–61, 177
   Fahrradschule 168
   Fahrradvermietung 9, 61, 177
   Touren 61
   Verhalten im Straßenverkehr 60, 177
Radio 177
Rauchen 178
Regentage, Ziele an 168–171
Realeneiland 114
Reguliersgracht *131,* 135, 144
Reisedokumente 175
Reisezeit 174–175
Reitschule 23, 36, 38
Rembrandt 22, 31, 71, 73, 111
Rietveld, Gerrit 162
Rijksmuseum *15,* 16–17, *20,* 23, *148,* 158–161
Rotlichtviertel *14, 17, 18, 66,* 70, 78–79
Ruisdael, Jacob van 73, 77

S

Sauna Deco 170
Schiphol, Flughafen 63, 175
Schlupfkirche 54
Schuttersgalerij (Schützenga-
lerie) 17
Schwimmbad 23, 37, 168
Sexarbeiterinnen 78–79 *siehe
auch* Rotlichtviertel
Shopping *siehe* Einkaufen
Sieben-Brücken-Blick 135, 144
Sint Antoniesluis 97
Sint Nicolaaskerk 28
Skurriles und Ausgefallenes
62–63
Spielplatz 34, 171
Spiegelkwartier *130,* 136
Spui 53, 102
St.-Antonius-Schleuse 97
Stadsschouwburg 83
Stadtviertel-Touren 11, 42–43
  Jodenbuurt, Plantage *&* Oos-
  terdok 84–105, 86–87
  Museumsviertel *&* De Pijp
  146–171, 148–149
  Nieuwe Zijde 44–63, 46–47
  Nördlicher Grachtengürtel
  106–127, 108–109
  Oude Zijde 64–83, 66–67
  Südlicher Grachtengürtel
  128–145, 130–131
Statuen und Denkmäler
  Anne-Frank-Staue 23, 111
  Het Lieverdje 53
  Homomonument 23, 109,
  110–111
  Namenwand 92
  Nationaal Monument 50
  Peter-Stuyvesant-Statue 30
Stedelijk Museum *20, 148,*
  150–151
Straßenkunst 62
Strom 177
stroopwafels (Gebäck) 126–127
Stuyvesant, Peter 30
Südlicher Grachtengürtel
  128–145, 130–131
  De Negen Straatjes 18, 22,
  25, 26, 130, 138–139

Foam Museum *131,* 135
Hermitage Amsterdam *131,*
  132–133, 168–169
Hotels 183–184
Kattenkabinet *130,* 137–138
Magere Brug *131,* 132, 145
Museum van Loon *130,*
  140–141
Museum Willet-Holthuysen
  131, 133–134
Reguliersgracht *131,* 135, 144
Spiegelkwartier *130,* 136
Tassenmuseum Hendrikje *25,*
  26, *131,* 134
Woonbootmuseum *130,* 139
Sugar Factory 83
Süskind, Walter 100–101

T

Tassenmuseum Hendrikje
  (Taschenmuseum) *25, 26,*
  131, 134
Taxis 176–177
Telefonieren 178
Theater 23, 38, 82, 83, 155
Theater Tuschinski 169–170
Ticketshop 22
Trinkgelder 178
Toiletten 178
Tour kompakt 10
  Amsterdam an einem Tag
  14–17
  Amsterdam an einem
  Wochenende 18–23
  Amsterdam für Geschichts-
  interessierte 28–31
  Amsterdam-Wochenende mit
  Kindern 32–39
  Shoppingtour durch Amster-
  dam 24–27
Tourist-Info 178–179
Touren, geführte
  Concertgebouw 153
  Heineken Experience 156–157
  Radtouren 61
  Rotlichtviertel 79
Trams/Straßenbahnen 176
Trompettersteeg 70
Tropenmuseum *32,* 35

Tulpen 142–143
TunFun Speelpark 34, 171

U

Unterwegs in Amsterdam
  176–177

V

Van Brienenhofje 113
Van Gogh Museum *21, 37, 39,*
  148, 162–165
Verzetsmuseum *29,* 31, *87,*
  92–93
Vintage-Shopping 102, 104,
  139
Vondelpark *20, 36, 38, 149,*
  154–155

W

Währung 177
Wassertaxis 16, 63, 177
Waterloopleinmarkt 19, 22, 86,
  88, 102
Websites, Nützliche 179
Weissman, Adriaan Willem 151
West-Indisch Huis 28, 30, 113
Westelijk Eilanden 108, 114–115
Westergasfabriek 108, 116–117
Westerkerk 22–23, 109, 111
Woonbootmuseum (Haus-
  boot-Museum) *130,* 139
World Press Photo, Ausstellung
  72
Wren, Christopher 74

Z

Zahnärzte 179
Zeedijk *66,* 68
Zeitungen 177
Zeitverschiebung 178
Zon's Hofje 113
Zoo 33, 34, 87, 93–94
Zuiderbad *37, 39,* 168
Zuiderkerk *67,* 74
Zugfahrten 175–176
Zweiter Weltkrieg 31, 50, 89,
  91–92, 92–93, 98–101, 110,
  118–121

Autor
Pip Farquharson

Zusätzliche Texte von Reg Grant, Tony Halliday, Alice Peebles, Joe Yogerst

Bildnachweis
Abkürzungen: GI (Getty Images), SH (Shutterstock. com), SS (SuperStock)
o = oben, u = unten, l = links, r = rechts, M = Mitte.

2–3 F1 online digitale Bildagentur GmbH/Alamy; **4** Yadid Levy/National Geographic; **5or, Mr** National Geographic; **5ul** Tony Halliday; **6** Yadid Levy/National Geographic; **9** devy/SH; **12–13** George Tsafos/Lonely Planet Images/GI; **14o** Gertan/SH; **14u** BESTWEB/SH; **15o** Aija Lehtonen/SH; **15u** Yadid Levy/National Geographic; **16** Yadid Levy/National Geographic; **18o** Yadid Levy/National Geographic; **18u** Colin Dutton/SIME/4Corners Images; **19o** Yadid Levy/National Geographic; **19u** Ivonne Wierink/SH; **20o** John Lewis Marshall; **20Mr** Yadid Levy/National Geographic; **20ul** pentothal/SH; **21** Yadid Levy/National Geographic; **23** Mikhail Markovskiy/SH; **24o** Shawn Chin; **24M** Volodymyr Krasyuk/SH; **24u** devy/SH; **25o** Goldsmith Gassan Diamonds; **25u** Yadid Levy/National Geographic; **26** Yadid Levy/National Geographic; **28r** imagebroker. net/SS; **28l** Oleg Senkov/SH; **29o** Tony Halliday; **29u** Gert Jan van Rooy/Dutch Resistance Museum **30** TonyV3112/SH; **32o** De Hortus Amsterdam; **32u** Tropenmuseum; **33o** Ton Koene/age fotostock/SS; **33u** r.martens/SH; **35** Tropenmuseum; **36o** Magnus Ragnvid/GI; **36M** Hollandsche Manege; **36u** AA

World Travel Library/Alamy; **37o** Igor Plotnikov/SH; **37u** Tony Halliday; **39** Yadid Levy/National Geographic; **40–41** Yadid Levy/National Geographic; **44** National Geographic; **46** jorisvo/SH; **47l** Menna/SH; **47r** Tony Halliday; **49** Tony Halliday; **50** Tony Halliday; **51** Yadid Levy/National Geographic; **52** Yadid Levy/National Geographic; **53** Mikel Bilbao/age fotostock/SH; **54** Tony Halliday; **55** Yadid Levy/National Geographic/SS; **56** Netherlands Board of Tourism & Conventions; **57** Ken Walsh/Alamy; **59** Yadid Levy/National Geographic; **60** Tony Halliday **61** Roman Sigaev/SH; **63** imagebroker.net/SS; **64** Yadid Levy/National Geographic; **66o** Tony Halliday; **66u** National Geographic; **67** Yadid Levy/National Geographic; **69** imagebroker.net/SS; **71** lynnlin/SH; **73** Tony Halliday; **74–75** Prisma/SH;**76** Aldo Pavan/SIME/4Corners; **78** Marka/SS; **79** Tony Halliday; **80–81** Tony Halliday; **82** devy/SH; **84** Tony Halliday; **86l** Yadid Levy/National Geographic; **86r** Tony Halliday; **87** Tony Halliday; **89** Yadid Levy/National Geographic; **90** Yadid Levy/National Geographic; **93** r.martens/SH; **95** Yadid Levy/National Geographic; **96** Yadid Levy/National Geographic; **99** Ullstein bild/TopFoto; **100** Tony Halliday; **101**Hemis.fr/SS; **103** Jean Pierre Lescourret/Lonely Planet Images/GI; **104** graja/SH; **105** Hemis.fr/SS; **106** Stefano Amantini/4Corners; **108** Yadid Levy/National Geographic; **109** Mario Savoia/SH; **110** Lonely Planet Images/GI; **112** National Geographic; **114–115** Yadid Levy/National Geographic; **116** imagebroker.net/SS; **117** Ton Koene/age fotostock/

SS; **118–121** Anne Frank Fonds – Basel/Anne Frank House/GI; **122** Martin Child/GI; **123** Hemis.fr/SS; **124** Tony Halliday; **126** Yadid Levy/National Geographic; **127** Tony Halliday; **128** National Geographic; **130** Yadid Levy/National Geographic; **131o** Tony Halliday; **131u** Yadid Levy/National Geographic; **133–136** Yadid Levy/National Geographic; **137** Kattenkabinet Amsterdam; **138** Yadid Levy/National Geographic; **140** Tony Halliday; **142** Mario Savoia/SH; **143** Gertan/SH; **145** Yadid Levy/National Geographic; **147** Michael Kooren/Reuters/Corbis; **148** Lonely Planet Images/Getty; **149** ©Heinken Brouwerijen B.V., Amsterdam; **150** Tony V3112/SH; **151** Sol LeWitt, Wall Drawing #1084, 2003-2012. Collection Stedelijk Museum Amsterdam; **152** Concertgebouw **155** National Geographic; **156** Ppictures/SH; **157** ©Heinken Brouwerijen B.V.,Amsterdam; **158** Ton Koene/dpa/Corbis; **161–162** Yadid Levy/National Geographic; **165** Fine Art Images/SS; **166** Hotel Droog; **167** Colin Dutton/SIME/4Corners; **169** imagebroker.net/SS; **170** Tony Halliday; **172–173** Jean-Pierre Lescourret.

Verantwortlich: Ulrich Jahn, Alina Gillen
Gesamtproducing: bookwise, München
Übersetzung: B. le Coutre
Korrektorat: Asta Machat
Umschlaggestaltung: Rudi Stix
Herstellung: Bettina Schippel
Printed in Slovenia by Florjancic

★ ★ ★ ★ ★

**Sind Sie mit diesem Titel zufrieden? Dann würden
wir uns über Ihre Weiterempfehlung freuen.**
Erzählen Sie es im Freundeskreis, berichten Sie Ihrem
Buchhändler, oder bewerten Sie bei Onlinekauf.
Und wenn Sie Kritik, Korrekturen, Aktualisierungen haben,
freuen wir uns über Ihre Nachricht an NG Buchverlag,
Postfach 40 02 09, D-80702 München oder per E-Mail
an reise@nationalgeographic.de.

Unser komplettes Buchprogramm finden Sie unter

www.nationalgeographic-buch.de

Titel der amerikanischen Originalausgabe:
Walking Amsterdam © 2014 National Geographic Partners, LLC

© 2017 National Geographic Partners, LLC.

Umschlagmotiv: Moderne Architektur am IJ-See (Michael
Zegers / Lookphotos)

Deutsche Ausgabe veröffentlicht von:
NG Buchverlag GmbH, München 2017
Lizenznehmer von: National Geographic Partners, LLC
NATIONAL GEOGRAPHIC und das Markenzeichen (Yellow Border)
sind Marken der National Geographic Society und werden mit
Genehmigung genutzt.

ISBN 978-3-95559-208-0

Seit ihrer Gründung 1888 hat sich die National Geographic Society
weltweit an mehr als 12 000 Expeditionen, Forschungs- und
Schutzprojekten beteiligt. Die Gesellschaft erhält Fördermittel von
National Geographic Partners LLC, unterstützt unter anderem durch
Ihren Kauf. Ein Teil der Einnahmen dieses Buches hilft uns bei der
lebenswichtigen Arbeit zur Bewahrung unserer Welt. Das legendäre
NATIONAL GEOGRAPHIC-Magazin erscheint monatlich. Darin
veröffentlichen namhafte Fotografen ihre Bilder und renommierte
Autoren berichten aus nahezu allen Wissensgebieten der Welt.
National Geographic im TV ist ein Premium Dokumentations-
Sender, der ein informatives und unterhaltsames Programm rund um
die Themen Wissenschaft, Technik, Geschichte und Weltkulturen
bereithält. Falls Sie mehr über National Geographic wissen wollen,
besuchen Sie unsere Website unter **www.nationalgeographic.de**.

Published by the National Geographic Society
John M. Fahey, Jr., *Chairman of the Board and Chief Executive Officer*
Declan Moore, *Executive Vice President; President, Publishing and Travel*
Melina Gerosa Bellows, *Executive Vice President; Publisher and Chief
    Creative Officer, Books, Kids, and Family*
Lynn Cutter, *Executive Vice President, Travel*
Keith Bellows, *Senior Vice President and Editor in Chief, National
    Geographic Travel Media*

Prepared by the Book Division
Hector Sierra, *Senior Vice President and General Manager*
Janet Goldstein, *Senior Vice President and Editorial Director*
Jonathan Halling, *Creative Director*
Marianne R. Koszorus, *Design Director*
Barbara A. Noe, *Senior Editor, National Geographic Travel Books*
Elisa Gibson, *Designer*
R. Gary Colbert, *Production Director*
Mike Horenstein, *Production Manager*
Jennifer A. Thornton, *Director of Managing Editorial*
Meredith C. Wilcox, *Director, Administration and Rights Clearance*

Created by Toucan Books Ltd
Ellen Dupont, *Editorial Director*
Anna Southgate, *Editor*
Dave Jones, *Designer*
Merritt Cartographic, *Maps*
Theodore van Houten, *Editorial Support*
Marion Dent, *Proofreader*
Marie Lorimer, *Indexer*